www.ingramcontent.com/pod-product-compliance
Lightning Source LLC
LaVergne TN
LVHW101939220826
846093LV00006B/62

9789948826293

وجدانيات بن ذيبان

ديوان الشاعر عبدالله بن ذيبان

وجدانيات بن ذيان

ديوان الشاعر عبدالله بن ذيان

جمع وإعداد

مريم النقـبي و جمال الشقصي

إصدارات دائرة الثقافة، حكومة الشارقة 2022 م

الناشر: دائرة الثقافة - حكومة الشارقة - الإمارات العربية المتحدة
الهاتف: 5123333 6 971+
البرّاق: 5123303 6 971+
الموقع الإليكتروني: www.sdc.gov.ae
البريد الإليكتروني: sdc@sdc.gov.ae

الطبعة الأولى 2022

811.084
ذ ع. و ابن ذيبان، عبدالله، 1945-2021
وجدانيات بن ذيبان : ديوان الشاعر عبدالله بن ذيبان / جمع وإعداد مريم النقبي ؛ جمال الشقصي .- الشارقة، الإمارات العربية المتحدة : دائرة الثقافة، 2022.
230 ص.؛ 21x14سم.
1. الشعر النبطي الإماراتي
2. الشعر الشعبي الإماراتي
أ. العنوان
ب. النقبي، مريم
ج. الشقصي، جمال

ISBN: 978-9948-826-29-3

المقدمة

لـو لم يتبقى سـوى الشـعر وحـده من جملـة عناصـر منظومة الأدب والفنون، لما أصاب المخيال الشـعبي شـعورٌ بالفقد تجاه سائر العناصر. فأي رفقة أجمل من رفقة القصيدة وهي السـحر المُذاب في شتى الآداب، وربما لو ذهب الكلام وبقي الشعر وحده وعاءً للغة، لما حزنت الكلمات يوماً، ولا ظمئت الأفئدة. فالشعر نفَسٌ يتجدد ليحصي الزمن بالمشاعر، والقافية مِجسٌّ نابض تقيس العمر بمصابيح الذاكرة، وتحتفظ اللغة بوهج وبريق الكلمة وجرس الأوزان.

وتنفيذاً لتوجيهات صاحب السـمو الشيخ الدكتور سلطان بن محمد القاسمي، عضو المجلس الأعلى حاكم الشارقة، الراعي الأول لحركة النشـر والتدوين، ها نحن في دائرة الثقافة بالشـارقة، ومجلس الحيرة الأدبـي نعبر عن ضرورة حفظ الموروث بتعدد أشـكاله وأجناسـه، بتوقفنـا أمام تجربة الشـاعر عبـد الله بن ذيبان وقفـةً تأملية، موثقين لجانب من سـيرته الشـخصية والإبداعية على حدٍّ سواء، ونخطو من ديوان (وجدانيات بن ذيبان) أولى الخطوات نحو جمع وتوثيق أعماله

الشعرية الكاملة توالياً عبر سلسلةٍ مُجزّأة، قدّرنا لها الوجدانيات بادئ ذي بدء، على أمل أن نتبعها بالوطنيات والمساجلات في وقت لاحق، وبجدر الذكر أننا وأثناء الجمع والتحقيق والتدقيق ذهبنا مذهب انتقاء شذراتٍ شعرية من بساتين بعض قصائد ابن ذيبان، نروم بهذه الانتقائية التزام المحتوى بالأطوار الثقافية التي تتناغم والقيم الاجتماعية الثابتة في البيئة المحافظة، ومن اليقين بأن شاعرنا قد أمضى على مسار تجربته الشعرية بصفاء ونقاء، واثباً ببراعته ودربته نحو أقاصي الفرادة والإبداع.

عبدالله بن ذيبان واحد من أبرز الأصوات الشعرية، ورائد من روّاد الشعر الشعبي في الإمارات، ولد في إمارة الشارقة عام 1945 وعاش فيها طفولته يتيماً، حيث توفي والده قبل أن يبصر مولوده النور بأشهر قليلة، فتولى شقيقه الأكبر تربيته ورعايته، لكن شعور اليتم لم يلبث أن عاود قلب الفتى ذي الثماني سنوات بوفاة شقيقه الذي كان يرى فيه معاني الأبوة والسند والمعيل، فانتقل للعيش في كنف أقاربه في إمارة دبي، حيث قضى وطراً من طفولته، ليعود من جديد إلى إمارة الشارقة، وقد ألقت تلك الطفولة الصعبة بظلالها على حياة الشاعر الكبير فيما بعد، كما يشير الكاتب إبراهيم الملا: «ربما كانت لتجربة الطفولة المرّة أثر في ولادة موهبته الشعرية، ورغبته في البوح عمّا يعتمل في داخله، فكانت القصيدة النبطية، هي المنصّة التعبيرية الأهم في تجربته الحياتية والإبداعية، وكانت هي العزاء والسلوى لتجاوز كل الخسارات السابقة».

أكثر من خمسين عاماً قضاها «بن ذيبان» في رحاب القصيدة،

منذ نشـر قصيدتـه الأولى في العام 1968 حتى وافـاه الأجل المحتوم مـع مطلع العـام 2021، وقد كان له - رحمـه الله - صولاته وجولاته في ميادين الشـعر، حيث عاصر كبار الشعراء من جيل الرواد أمثال الشاعر محمد الكوس، والشـاعر راشد بن طناف، والشاعر علي بن رحمه الشامسي الذي قدّم معه برنامج «أحضان البادية»، كما شارك فـي إعداد بعض البرامج الشـعبية عبر أثير الإذاعة وشاشـة التلفاز، وكانت له العديد من المسـاجلات الشعرية مع شعراء جيله والشعراء الذين سـبقوه بحكم السن والتجربة، كما تغنّى بكلماته العديد من فناني الإمارات، حيث اتسـمت قصائده بالسلاسـة وعفوية المعنى والروح الغنائيـة، وليس ذلك بالمسـتغرب على شـاعر مُنـح موهبة الصوت العذب وتألق في «فن الشـلّة» منذ بدايات الثمانينيات الميلادية، حيث كان يقدم إبداعاته الشـعرية بصوته الشجي لتتلقفها الذائقة الشعبية في طول الإمارات وعرضها.

ارتأينـا أن يركـز هذا الإصدار على القصائد الوجدانية للشـاعر عبدالله بن ذيبان، نظراً للتنوع الكبير في تجربة الشـاعر الذي خاض غمار معظم الأغراض الشعرية، متنقلاً بأريحية وتمكّن بين الوجدانيات والقصائـد الوطنية والمديح والرثاء وقصائد النقد الاجتماعي، وفنون المجاراة والمسـاجلات الشـعرية وقصائـد الوعظ، وغيـر ذلك من القصائد العصية على التصنيف، فعاطفة الشـاعر الجياشـة وعصفه الشـعري أكثـر من كاف لمـزج هذه الأغراض وصهرهـا في بوتقة روحـه، لتبتكـر أغراضاً جديدة وتسـافر آمـاداً بعيدة فـي فضاءات الشعر.. كيف لا وهو الشاعر المسكون بالرفض والتمرد:

دنْــيــا غــدَتْ مَـجْـلـوبـه   فــي عيــن (بِــنْ ذَيْبان)

ضـــاع الطرَّب وِاسْــلوبه   واصْبـــح بــلا عنـــوان

وتظل الأخلاق في قصيدة ابن ذيبان هي الضابط الإيقاعي للفكرة الموضوعيــة، وتنعكــس القيمة الأخلاقيــة عن واقع البيئــة والتربية الحسنة التي نمى واستوى واستقام الوجدان في أتونها:

أنا الشّاعر وَانا الْمَعْروف   وَانـــا لـــي تشْــهد الأقْلام

وَاحِبّ الزّين لي ماصُوْف   وَاداجِل فـــي مدى الاكْرام

ضميري ما غدا مكْشوف   وَلا احِـــبّ الّـــذي نَمّـــام

يداخِلْنـــي مـــن الله خوف   وَاداري نعْمـــة الإسْـــلام

تحيل مرئياتنا الشــخصية المســلطة نحو معمار قصيدة ابن ذيبان إلى حقيقة أنه شــاعر ينتهج أســلوب الســهل الممتنع في تقديم الفكرة الموضوعيــة، فابن ذيبان عفوي وواضــح في دلالاته ومكنياته دونما إســراف في الرمزية، وقد يكون هذا الوضوح هو المؤســس لجسريةٍ عاطفية، قربت قصيدته من وجدان وذائقة الجمهور حدّ التوأمة:

يا شَــيْب عيني من سِحِرْكم
شَـــلّ الْعَقِل منّي وَانا ذْهِين

والله علـــى قلبـــي نِصَرْكم
جيْشك هِزَمْني ما لي مْعِين

مــا ينْرَقى عالـــي قَصِرْكم
بين الـثّريـا والْمِـيـازيـن

شـِ اللّي على جَتْلي جِبَرْكم؟
عقْب الوفا صِرْتوا مْصِدّين

مْحسوب من جِمْلة بِشَرْكم
مَمْلوك لِكْ مِلْك السّــلاطين

أمّــا الأغنيــة فهي عالم من المثالية التي ســعى ابن ذيبــان لتلبيتها بالتــوازي بيــن الشــجن والعذوبة، كيــف لا وهو الذي اعتــاد تلحين قصيدتــه بحنجرةٍ تخبئ الربابة والقيثارة ووتــر العود، إذ لا نظنّ أن أحــداً من الرعيــل أو من الجيل قد فاتته فاتنة «مرحبا بطارش نباكم» التي اقتادت الأغنية الإماراتية الشعبية من رمالها نحو سواحل الخليج وجبال المحيط:

مَرْحِبــا بْطَــارِشْ نِبَاكُــم ... عَــــدّ قولـــي وَارْتِيِيْكُــم
دوم وِعْيونـــي جِـدَاكـــم ... لا ولا قلبـــي نِسِـــيْكُم

يكمن ســحر قصيدة عبدالله بــن ذيبان المغناة فــي ارتفاع المفردة ذات العراقة والأصالة والخصوصية على امتداد الأشــطر، متغطرفةً متزرفلــة كناقة بــدويٍّ تحفظ جيداً جنبــات المدينة، وتمكســت هذه الغنائيات بجماهيريتها الطاغية منذ ظهروها عبر أوتار عود المُغني، وانتهاءً بالمعزوفة ذات الأدوات الموسيقية الحديثة:

تِدَلَّـــلْ يـــا قُمَـــر لَيْلـــي تِدَلَّـــل
وانا لك في الأمِر سَمْعًا وِطَاعه

وِدَادك من غَدِيـــر القلب يِنْهَل
سِـــباني حبّكم والدَّمْـــع ذاعه

عَســـاك تْزُورني ساعه وْتِسْأل
عنْ امَّا بـــي.. وقلبي والْتِياعه

المأمول أن يمضي ديوان (وجدانيات بن ذيبان) بأثره على المكتبة الشـعبية ويرفد إرثها الأدبـي بالجديد والمتأصّل، قياسـاً على الثراء البيئـي والتاريخـي اللذيـن اصطبغت بهمـا مجمـل أركان التجربة، وبدورنا.. نسأل الله العلي العظيم التوفيق في تقديمنا وتصديرنا لهذها الديوان بما يفسح للقارئ آفاقاً يستكشف عبرها أبعاد الجمال الشعري، ويرتوي حسياً ومعرفياً من نبع القصيدة النبطية.

طَارِشْ نِبَاكُم

مَرْحِبا بْطَـارِشْ نِبَاكُـم　　عَـدّ قولـي وَارْتِيِيْكُـم

دوم وِعْيونـي جِدَاكـم　　لا ولا قلبي نِـسِيْكُـم

طحْـت طَيْحه فـي هَوَاكُم　　يا الْغِضـي وَالْعِي عليكُم

سِـعْد مـن نـال وْجَناكُم　　أوْ غـدا كَنَّـه صِبِيْكُـم

صـاب قلبي مـن جِداكُم　　عـوق.. والقـول يْعَنِيْكُم

بارْخِـص الغالـي فِدَاكُم　　كان لـي رَبّـي يْهَدِيْكُـم

كمْ لِعَـى القلـب وْطَرَاكُم   كمْ كِسَـر حَوْمـه عليكُم

شَـيْب عيني مِـن غِواكُم   قـال قَمْـرا لـى لجِيْكُـم

لَيْتِنِـي غيمه فْ سِـمَاكُم   دَوْم بامْطِـر فـي حِوِيْكُم

بـارْوِي الأرْض وْفَلاكُـم   لا ولا ابا الشـمس تِيْيكُم

لو هَنـا لي.. لـي هنَاكُم   جـان تعذِيْبـي يْهَنِيْكُـم

قلت وَاسْـعي فـي هواكُم   وْفي الْهِوَى تْراني خِوِيْكُم

إن هويتـوا لـى هِوَاكُـم   إنْعِتُونـي ويـن أيِيْكُـم

قَبْـل أوَلِّـي فـي هَواكُم   مـا خِطَـى قلْبـي رَمِيْكُم

تبْع الوِّد جَتّال

يـــا مرحبـــا باللّي شـــكَا وْقال

قـــمْ ثِيبْني لـــك عانـــي ادْخِيل

قلت اشْ غدا بك؟ قال لا تْســـال

زايـــد عذابـــي واسْـــهَر اللّيل

نشّـــيت له بالْحين.. في الْحال

بِالـــرَّد.. واكْتـــب لـــه تماثيل

يا اهْلا هَـــلا يـــا ذَرْب الافْعال

حيّه عـــدَد مـــا غصـــنٍ يْمِيل

واعْــداد بــرْقٍ بــات شــعَّال
أسْقَى شمال وْشَرْق عَـ (الغيل)

إبْشــر ياْ كانك بِكْ عِسِــرْ مال
لك فــي الطّلب لَوْ دمّي يْسِــيل

وِانْ كان بــك من صاحبٍ عال
بِالْحَــقّ.. وآزَم صَلْــف وِيْمِيل

خَلّــه وَلا تْسَــوّي له امْســال
ياْ انْ كان صِــدْق اتْحِيده بْخِيل

إهْــوَى الذي لك يشْــرح البال
لــي مــن لفيتــه قــامْ بالحيل

كلّــه.. وْعَنْك النّاسِــمْ ايْســال
وِانْ غبْت ســاعه قــال يا ويل

هــذاك لــي لــه تبْــذل المال
كلّــه.. وصوبه تسْــلك الرِّيْل

وِانْ سَــلْت.. تَبْع الْــوِدّ جتّال
قبْلــك قصانــي آهْ يــا ويــل

يــا ذا النّديــم وْناظري ســال
لى من طــرَى لي بُــو مْياديل

لــي مــن وداده ناحِــلْ الحال
أهْــواه.. وْدونه يــاذِي الحيل

عابِدْ الصّورة

آهْ ويـلـي ضــاع بِـرْهـانـي
يوم شفْت الزّين وِخْصوره

بُـــو يِديل مْعَشْـــكل وْجاني
والجبين اللّي ايْعَشي نوره

خشْف ريمٍ من ربَى اوْطاني
وْيا ملا مـــا رَيْت له جوره

شَـــطّني بِالعون يا اخْواني
وفي هـــواه النّفْس مجْبوره

له باغَنّي في الْهوَى الْحاني
وْبَاشْتكي له حالي قْصُوره

بـايـدِنّـي حـبّـه اتْـرَاني
والْغِضي مـا لي عَنِهْ دوره

بانْتِقي لـي وارِدْ (ألْماني)
يقطع الـبَـيْـدا.. وْبَـازُوره

له بَاسِـيْر ارُّوحـي ابْعاني
سيّدي لَى لي شِفَا حْضوره

كـادْ يـرْحَـم حالي الفاني
من فضِلْ حَسْـناه بْمقدوره

كم لفانـــي طيفـه ويـانـي
ومن عنايــه عابِدْ الصّوره

في شقايه الشّــوق خَلّاني
تاحِنــي فــي لجّــة بْحوره

كم سبَحْت وْنِحْت يا اخْواني
في هوَى اللّي تنْفح عْطوره

وْكَمّ كاســات الشّقا اسْقاني
لا ولا ملّيــت مــن جــوره

فــي ضِميــري وِدّ له باني
سيّدي.. وِمْطيع في شوره

وكان بُــو مَيْــدول يهْوَاني

يِغْــل داره دوم مَمْطـــوره

وْتَـــمّ جيــلِ قاله لْســاني

في حَسِين اللّون والصّوره

غرْقان

غرْقــان في غِبّــة بَحَرْكم   يا احْبــاب قلبي والله يْعين

كــم بِالْغِبَى قلبــي زِقَرْكم   لكنّ بي ما هـوْب دَاريـن

عوقي من العين وْنَحَرْكم   والْخَدّ لى كنّه صَحَنْ صِيْن

تسْري به عْيوني سِفَرْكم   سِبْحان من صوَّرْك يا زين

لا عاش من صَدّ وْهِجَرْكم   غالين عنْدي يا الْمِضانين

يبْرى ضِميــري ما نَهَرْكم   وَاطْلب عسَى لي قلبك يْلين

تحْيا حياتي مــن عِطِرْكم يــا وَرْدةٍ بين الْبِســاتين

يا شَيْب عيني من سِحِرْكم شَلّ الْعَقِل منّي وَانا ذْهِين

والله على قلبــي نِصَرْكم جيْشك هِزَمْني ما لي مْعِين

ما ينْرَقــى عــالي قَصِرْكم بيــن الثّريــا والْمِيازين

شـِ اللّي على جَتْلي جِبَرْكم؟ عقْب الوفا صِرْتوا مْصِدّين

محْسوب من جِمْلة بِشَرْكم مَمْلوك لِكْ مِلْك السّلاطين

غَضّ الصّبا

يا الزّين يا اللّي شلّه «الجيب»
أقْفَــى.. وْقَفَّــى القلــب يِقْفاه

بُــوْ يَــادلٍ يِطْلَى مــن الطّيب
غَــضّ الصّبا لي فايِــجْ صْباه

زيــن السّــجايا والتّســاليب
خَشْــف الْمَها وْفي الْفَلُوْ مَرْباه

خَــدّه قمَــرْ تَــوّه يبــا يْغيب
حِسْــنه افْنِدِهْ المَعْبود وَانْشاه

لى من خِزَرْك بْعينه.. اتْشِـــيب
لَاطْفال.. لـــي من بـــيّ تِهْواه

غِـــرٍّ غَنَجْ وِ وْصولـــه صْعِيب
يسْـــكن مـــكانٍ جَذْي شَـــرْتاه

دارٍ رِبَـــتْ فيهـــا الْغَراشِـــيب
والزّيـــن يـــا اللّي زيـــن مَعْناه

يـــا ليـــت لـــي فيهـــا مَحابيب
وِالاّ نـــديمٍ دايـــم أَنْصـــاه

يـــا لابْتِي مـــن قَبِل لِمْشـــيب
مـــادام لي عَـــ الْغَـــيّ مَوْحاه

أعْزاك يا (بِنْ رَضْوه).. اتْثيب
عوقي غِبـــي.. وِمْضيّع ادْواه

ما اظَـــنّ ظَنّـــي فيكـــم يْخِيب
إنْـــت وْ(علي) لي دايـــم أعْزَاه

هـــذا وعسَـــى امّا بِيّـــه يْطيب
ويْنـــال (بِـــنْ ذَيْبـــان) مَنْواه

قبل الشّـــقا والشّـــاجي ايْغيب
حالـــي عليـــل الْـــوِدّ خَـــلّاه

لَيْلي السَّارِي

بِـــتّ أنـــادِمْ ليلـــي السّـــاري
لـيـــن بـــانْ الصّبح لـــي نوره

وَاشْـــتِكي لي بي إلـــى الْبَاري
يجْبِـــر لْيِـــه نَفْـــس مَجْبـــوره

ونِّتـــي مِنْهـــا وَعَـــى يَـــارِي
يـــوم كلٍّ فـــي فِلَـــك طَـــوْره

وِخِـــذ قلبي مِـ الحَشـــا اجْباري
مـــا فِضَى لي لي.. وَلا شَـــوْره

ليت لـــي مـــرَّه ظَهَـــر خَارِي
لي علـــى قلبـــي بِنَى سُـــوره

بُـــوْ جبيـــنٍ كنَّـــه اجْمَـــاري
بالدِّجَى واسْـــري علـــى نُوْره

للشَّـــرَف والسِّـــيْره يْـــدَاري
غلِـــجْ.. والاطْرَاف مَسْـــتوره

مـــا ظَهَـــر للظَّاهـــر يْمَـــاري
فوْق في الجَـــوْزا بِنَى قْصُوره

نَسِـــل ناس أيْـــوَاد لْهُم طَاري
مِـ القُمَر والشَّـــمس خَذْ صُوْره

فــي هــواه ارْمَتْنــي أقداري
والقِــدَر مــا لــي عَنِــه دوره

ســاسْ لِهْ مــا تاحه الــذَّاري
بيــن عيْنــي دايِــم حْضُــوره

تــاجْ.. له رَافِــع عَلَــم دَاري
من جِنَى الجَنَّه شِــذَى عْطُوره

(بُوْ حَمَد) فــي ضِامِري وَارِي
شوق.. والقَى الرُّوح مَخْطُوره

ما قَصَوْني

أمْرَض يَلى فارَقْت الاحْباب
واصْحى وَابَرِّج إنْ ضِوُوْني

أزْقِر خليــل يْثيب.. ما ثاب
قـــال المعازيب اشْـــغَلوني

بِتّ أشْـــتكي لله.. وْمِصْطاب
في الياش.. عَـ اللّي فارقوني

كلٍّ تهَنّــى بْنومــه وْطاب
وانا علـــى حَرَّةْ شـــجوني

قام الْخِلي لـــى يكْثِر عْتاب
وْلا الُـــوم نـــاسٍ لوّمونـــي

صابر علـــى همّي وْالاَتْعاب
تسْـــهر لخِلّانـــي عْيونـــي

قلبٍ هوى الْخَفرات ما تاب
بِحْـــت الكِنيـــن وْعاتبوني

يـــا الله يـــا عَلاّم الاسْـــباب
بِاسْـــمك يســـبّح كلّ كوني

إرْحم غريمٍ حَلّ فَـ انْشـــاب
مِخْتار.. رَبْعي عاكســـوني

في الحبّ حالي قِوِّس وْذاب
وَاهْل المِقَاصي ما قَصوني

لي يتحدّى القياده

لــهْ الْخِــوي هَالْعاده
تظْهَر لَوْ هــو خَفاها

خــان بْخِويــه زْياده
يــوم أمَّنَــهْ سَــوَّاها

ضِعْفَــت عنده الإراده
وْكِلّ عْهوده نِســاها

لَــوْ تنْصحه مــا فاده
رَدّ العــاده وْثِنَاهــا

ما يْصيــد الّا الْيَراده
واللّي من مِسْــتواها

ما قِدْ وصــل لِمْراده
والْعليــا مــا رِقاهــا

من في نفسـه بَلاده — صوْب العلّـه عِوَاها

حيْـده يْتُوح شْـداده — والشّـيمه ما ضواها

رُوحـه يَنْـوي نِفَاده — يـا روحه وا شِـقاها

لـي يِتْحَـدّى القياده — ما يـدْرك مِسْـتواها

حارِبَتْ عيْني كَرَاها

حارِبَـــتْ عينـــي كَرَاهـــا　　يـــا (عِلـــي) والله تَرَاهـــا
مِـــ العِنـــا يلّـــي بِـــدا لي　　وِيْـــل رُوحي وَا شِـــقَاها
مـــن فـــتـــاةٍ تَـيِّـمَـتْـنـي　　وامْلِكَتْنـــي فـــي هِوَاهـــا
مِلْـــك من لى فِـــ إيْد عَمَّه　　فـــي الأمـــاره.. وانْتِهَاها
هايِفَهْ الخَصْرين تَسْـــلِب　　أن اقْبَلـــت بـــدْرٍ تِباهَـــى
لوْنـهـــا.. والجِيْـــد ماخِـــذ　　وَصِـــفْ ريـــمٍ فـــي فَلاها

والخِــدُود اللِّــي كما اللّي　　نُوْر شــمسٍ في ضَحاها

واليدِيْــل يْذُول.. وَاسْــمَر　　خَــرّ عَـ الرِّدْف وْكِســاها

والْـعَـيـان أعْـيَــان حِـرٍّ　　شــافْ صيــدِه وِاغْتِناها

كاملــه اْلاَوْصاف حِسْــنٍ　　شِــيْب عيني مــن غِوَاها

في المَــلا ما مــن مِثْلْها　　خَالِقــي.. فَرْدي نِشــاها

يــا مَــلا مــا يْــلام صَبٍّ　　بــاتْ يِتْشَــفَّق لِقاهــا

شَرْهة أحْشام

شاعر واحاتي شَــرْهة أحْشام

يا لابتي واخْشــى مــن اللّوم

راعــي معانــي دوم جِــدّام

ما اهاب لى من غــارَتْ القوم

أتْبــع طريــق الله والإسْــلام

عنْدي على تَرْك الهوى عْزوم

واحُــوم لي فــي الغيــب نَمّام

لى عَـ الصّديق يْسَــوّي هْجوم

لي مـــا رِقَـــى الْعَليـــا وَلا قام

صـــدره عليـــه يْبـــات ياثُوم!

لـــي للنّفـــاق مْشَـــيّد خْيـــام

سَوّى الحسد في صدره رْسُوم

يصنع حكي مـــن صدره أوْهام

شـــيطـــان غادي لابِس هْدوم!

يِعْلـــه فِـــدَا الاجْـــوَاد الاَكْـــرام

لـــي فـــي ذَراهم قامـــت قْروم

نـــاسٍ تعَــرْف الدّيـــن وِايْمام

لـــي للصّديـــق اتْبِّـــش وتْقوم

ويـــا الله لـــي للغيـــب عَـــلّام

تسْمح خَطايه.. صرْت مَضْيوم

ويـــوم الدّليـــه الخالـــي يْنـــام

بِـــتْ بْشِـــقا وَآســـامِر نْجـــوم

وْيـــا لابتـــي مـــا ظَنّـــي أنْلام

سَـــوّى الكِدَرْ في صدري غْيوم

بَحَرْ نُوْح

صدْفه الْتقيــت بْحِلْو الاصْباح
كَالرّيم لي منْســاح فِـ سْــيوح

شَــطّ بْخَفوقــي والعَقِــل راح
قلبــي خَــذِهْ وِتْملّــك الــرُّوح

شــفْت الزِّمرّد فــي النَّحَر لاح
جيب الصّــدِر ميْــدان مفتوح

يا سِــعْد مــن في حبّــه ارْتاح
صــار اللّقا لــه شَــيّ مبْيوح

شــمّ العطر لى فــي الثَّغِر فاح
عالَــجْ ضِميرٍ صــار مجْروح

حبّه سِــكَن في القلب وِانْساح
بَنّــا الغَرامه شــوق وِصْروح

لَجْلَج ضميــري لاجْله وْصاح
أتبــع ظبي في صافج سْــيوح

بالــرّوف يا بُــو خَــدّ وَضّاح
بــدْر الدّجى فَـ اطْرافــك يْلُوح

عطْنــي لبــاب الحــبّ مفتاح
قبْــل الغــرام يْتوحنـــي توح

شــوق العِشــقْ للصّــبّ ذَبّاح
غرقــان كنّي في بَحَــر (نُوح)

وَرْد جُورِي

وَرْد جوري فـــوع وَجْناتك
والزِّمــرّد فيــك خَصّيتـــه

والمَحاســن فــي تَحِيّاتك
رِدّ قلبــي يــوم شــلّيته

ما خِلِجْ مثْلك.. وشَــرْواتك
في (الخليــج) وْلا بَعَد ريته

حِسْــن بدْر وْريــم لفْتاتك
فــي فَــلاه يْــرِبّ لاقيتـــه

رفْرِفَــتْ بالْحِســن راياتك
خذْتنــي فــي حبّــك بْهِيته

ليت لــــي وَقْتك وســـاعاتك
ومن لماكم زرْعي أسْـــقيته

غايتـــي يـــا زيـــن غاياتك
ســـيّدي لَوْ حالـــي أقْصيته

شـــاقني جيـــدك ونَظْراتك
ســـولِعِي والقلب شـــطّيته

راحتـــي ســـاعة مْلاقاتـــك
يـــا منايـــه لـــي تمنّيتـــه

مـــن لطافةْ طيـــب عاداتك
صِبْتنـــي والنّـــوم خلّيتـــه

عصْر الْعَجَايِبْ

هذا عصْــر العجايب — كونــه كلّــه عَجَــب

صْغيرنــا والشّــايب — يِتْمايــل للطَّــرَب

تنْعــاف كانــك تايب — قالوا عقْلــه انْجِلَب!

وِانْ قلــت قلبي ذايب — قالــوا تــاب وْكِــذَب

يا هـــي والله مصايب — وِشْ يرْضي هَالْعَرَب؟

ذَمّــوك كانــك غايب — لوْ لــك فيهم نِسَــب

لابْليس صاروا نايب شَبّوْا نار الحطب

وْلو باقي في الكتايب ما بَالْقَى هَالعِتَب

أكْتب حْضور وْغايب وادَرّب لي رِسَب

واوْقاتي للحبايب ما احاتي للتّعب

وْيوم أزْقره يِتْوايَب بُو خِلْخال وْحِقَب

أقبل يْمِيس.. وْرَايب بِمْزَرّي والذّهب

بدّاني عَ الْقَرايب ولْيَه لَبّى الطّلب

واسْري به في السّوايب وارْقَى رُوْس الْحِدَب

هَادِي الْمَمْشَى

شَــطّ بي لى هادي المَمْشَــى
خِشْــف ريــمٍ يتْعِب الرَّاشــي

خَزِّنــي بالعيــن وِتْغَشَّــى
يــا (مْحَمَّد) وَاحْرِقه هْيَاشــي

داسِــني في ضامري.. وَانْشَى
شوق.. يتْلِف في الهوى النَّاشي

مــن جبينه ناظــري يِغْشَــى
بَــدِر كنَّه فــي دِجَى الغاشــي

كــم لعيتــه بِالْغِبا.. واخشــى
ليْعِتــي يِــدْرَى بَها الواشــي

نُوق شــوقي زَرْفِلَنْ عَطْشَــى
في هــواه.. وْطال مِطْراشــي

مــا يْنَاله لي سَــعى وَارْشَــى
ما سَــرى باسْــرَاره مْعاشي

ســيّدي لي زاكــي المَنْشَــى
عُــود موزٍ فــي غِتَلْ ناشــي

يِغْــل داره بالْحِيَــا تِغْشَــى
ليــن تعْفَــى قامــةْ الماشــي

والعَرابــي تَقْطِــف الحَرْشَــى
ويــن تِخْــلا حَنَّــة الحاشــي

برْقٍ لاحْ

شِـفْت بـرْقٍ لاح   أمْس صوب (وْشاح)

نــوره الــوَضَّــاح   يــا مْــسَــوِّي شِـعِيْل

***

شَــدِّنــي جَــدْواه   بَــــرّاقٍ سَــنــاه

لــى فَــلا بَــانْــسـاه   خِـلِّــي مِـسْـتَـحـيـل

هـايِـف الـخِـصْـريـن　　　بـو يِـديـل وْعـيـن

كــامـــلٍ بـالــزيــن　　　مَــنْــسـوع الـيِـديـل

***

هـو حـبـيـب الــرّوح　　　هـو دِوا الـمَـجْـروح

كــمْ عـلـيـه آنُـــوح　　　مــن وقْـــتٍ طـويـل

***

يِــعِــلْ داره يُـــوْد　　　بَـــــرّاق وْرعـــود

بـو يِـدايِـل سُـــوْد　　　والـمِـضْـمـر نِـحِـيْـل

تِـرْتـوي الاوْطـــان وِيْـــدَيِّـــم زمـــان

تـــازم الـــغـــدران والـبَـطْـحـا تسيل

***

عَـ(الفَلي) و(الذّيد) واتْـــمـــنّـــى يـزيـد

دار زيـــن الـجـيـد والـمِـضْـمـر نحيل

***

غِصْن أسْمَر

مالْ الغِصِن ألاسْمَر.. وانا امِيْل
صُوْبــــه.. وْصَوَّبْني وَلا ســـال

يا عَوْنـــة الله اسْــقاني الويل
وِشْ نَيْـــل للظَّامــي مِن اللّال؟

بـــي رُوْف يـــا حِلْــو التِّعازيل
يـــا الزّين يا اللِّي مـــا لِكْ اَمْثال

بِـــتّ بْشِــقا مِسْـــتارِج اللّيـــل
بالنّـــوم جِفْــن العين مـــا ذَال

يسْـــمَر وانا اللِّـــي عندك دْخِيل

خلّيـــت قلبـــي فيـــه مِيْهـــال

لـــوْلاك مـــا لَجْلَجْـــت بِالْحيل

لا لا.. ولا دَمْعـــي بَعَـــد ســـال

أهْـــوَاك واتْوَسَّـــل تِوِسِّـــيْل

عِنْـــدك.. أباك تْـــرُوف بِالْحال

لك فيْ الهِوَى نُوْقـــي مِعَاجِيْل

يـــا اللِّي جِـــدَاك العيـــن تِخْتال

سُوْر وَأسْلاك

بك باتّصـــل وادوّر رْضاك
يا من على الِفْواد مَرْســـوم

ســـعْد اللّيالـــي يـــوم لِقْياك
ترْتاح نفسي وْتَجْلي هْموم

قبل ألْتقي بـــك كنْت بِهْوَاك
يا ســـيّدي خَلّـــي اللّقا يْدوم

حبّك غدَى لي سور واسْلاك
يا الزين ما لي عنْكم عْزوم

تِيْني تلايـــا اللّيـــل روياك

أرْقـــب نِباك يْبِيـــن وِغْلوم

ترْعى عشِب قلبي مِطاياك

يا الْخِلّ يا بُو خَصِر مهْضوم

شـــفْته شـــفايا من شفاياك

صبْح وْمِسا في قلبي تْعوم

ســـبْحان من بالْحِسْن حَلاّك

وجْهك قمر واطْرافك نْجوم

لوْلاك يـــا المَضْنون لَوْلاك

ما بَاشْـــتكي حَرّات مَحْروم

حسْن وْمَحاسن في سِجاياك

كلّك حِسِـــنْ وَالْعيك مَلْزوم

خَبَّت رْكَابي

زُور مــن زارك حبيبــي لا اتِّعَمَّـْد فــي عذابــي

لــي شــراتك يغْتنــي بي منْك يــا الْغالــي مصابي

بحْت لك شــوقي وْغِبيبي كـمّ لــك خبّـت رْكابــي

يشْــهد الله لــي رقيبــي لي جِــدا حبّك حـدَى بي

أسْــتجيرك وَاسْــتجيبي لــك ولــك تأْثيــر غابي

نَبّــه الرّاقــد نحيبــي ليــت تِــيْ تاخــذ ثوابي

لك صدى شـــوقي وْطيبي　　وْعَـ الشّقا حبّك رسَى بي

(مغْربي).. لوْ ريم (ليبي)　　حسْـــن زِينك لي سَهَى بي

منْظـــر المِضْمَـــر جِبيبي　　يا الْغَـــلا والـــرِّدْف نابي

واسْـــتحي لَـــوْ تلتقي بي　　كـــنّ بـــي شـــطّة اغْرابي

نورِ عِشاني

مـــا يفارِقْنـــي ثوانـــي   زوْل محـبـوبٍ سـبـاني

راعـــي العيـــن الجميله   لـــي هويتـــه واهْتواني

سيّدي بلْســم جروحي   ما نسـيته وْلا نسـاني

وَاتّصـــل به كلّ ســاعه   سـيّد الخُود الْحِسـاني

له غلا فـــي موق عيني   صار ينْطق به لسـاني

مسْـــتحيل أنْســـاه والله   لـــوْ بعيـــدٍ فـــي مكاني

مالــكٍ روحــي وْعَقلي بالْمحبّــه والمعانـــي

من عنــا حبّــه حبيبي في شــقا وْعلّــه تَرَاني

خَذْ شعاع الشّمس لونه أوْ كمــا بــدْرٍ ضواني

ورْد جوري في خدوده ونْحَــرَه نورٍ عَشــاني

سِيْدي بِاخْتِصار

أنْشد النجمات ونْجوم تسير
في الفَلَك لي يْدور وَاثْرَيّا النّهار

عن حبيبٍ صار له وِرْد وْصِدِير
في زوايا القلب لي فيه اسْتجار

جرّني بالشّوق والسّاقي خرير
من غدير العين وِتْطَايْر شَرار

شَبّ حبّه نار في الظّلما تنير
ما سَلاه البال لوْ غيري اسْتخار

مـــن جــداه تْهِــبّ غايـــات العبيـــر
وَاعْتِبــر فرْقـــاه غايـــة الانْتحـــار

حَـــرَّةْ الآهـــات تصْلى فـــي الضّمير
طال صبْــري طـــال طـــول الإنْتظار

ناظـــري للزّيـــن لـــي زينـــه ســـتير
وَاسْـــتخيله صرْت سِـــيْدي بِاخْتصار

حِسْـــنه الفتّـــان عَـــ الْمِفْتـــي خطير
من شِـــعاع الشّـــمس والْقَمْرا اسْتَعار

يــا إلـــه الكـــون يا مـــن بـــي بصير

أسْـــتجيرك جيت بي فـــي الجوف نار

غـــار قلبـــي في هـــوى غـــرٍّ غرير

غيـــر ريـــت الحب مـــا فيـــه انْتصار

صاحبي لـــي صخْت له في الحبّ غير

ما خِلـــج في الكون مـــن مثله وصار

عن عيـــون النّاس في عينـــي غِتير

له غلا.. له شـــوق في القلـــب وْوَقَار

دِلِيْه الْعَقل

يا الله يا اللّـــي بِيْدك الكون
تنْجي غريقٍ في الشّقا حان

عبْدك سِجَدْ لك يطلب العون
يا من علـــى العِرْبان مَنّان

تصْلى ضميري باطن شْجون
أمْســـي واقَيّل فوق نيران

غيّ الْعَصِر ما خَذْني بْهون
ناره احْرقت يوفي.. وْحيران

سهْران ما غضّت لي عْيون

وابْليس بالنّي بالاشْـــجان

كِلْ ما بغيت آتوب.. يطْرون

ناسٍ.. لهُمْ في القلب عنوان

عشْرين عام وْعَشِرْ مَفْتون

مفْتاح قلبي شـــلّه إنْســـان

حِسْنه سباني صافي اللّون

لي للبشـــر يسْـــبي وفتّان

يا اهْل المقاصي لا تْلومون

تِرْكوا سِـــبيلي كيف ما كان

قلبـــي قتيل الحـــبّ مجْنون
أبْطَـــى دِلِيه العقـــل هَيْمان

لي ما سعى للزّين شِـ يْكون؟
في المجتمع ما كَنّه انْسان!

يا احْباب قلبي.. لا تْشِطُّون
ابْيِهْ.. وفيكم راجع الشّـــان

لْكُم رَكِبْ في القلب وِظْعون
لوْ من جداكم بـــان حِرْمان

حرَّمْت نفســـي ناسٍ ايْيُّون
باللّيـــن لي فـــي كلّ ميدان

ضَاع الطَّرَبْ

عفْت الْغَــيّ وْهبوبه وبَاهْديــه (بِنْ دَيْلان)

لي يْعَرْف له ما يُوبه وِيْشِــلّ لــهْ بَالْحَــان

نفْسي نِوَت عَـ التّوبه رَدّت تِبَــا الغِفْــران

قالت.. لِقيت اعْجوبه دوْق وْنَقِــع طوفــان

مِحْمل طِبَعْ بِسْــيوبه والنّوخــذا خَسْــران

ضاع اللّــزَم وطْنوبه وْلا لِلْوفــا ميــزان

كلٍّ وَرَا مَطْلوبــه يِرْبَــع بــلا بِرْهــان

قاسَى عذاب ذْنوبه ... وِيْشِطّ به شيطان

يمشي شِمَقْ في ثوبه ... مازَمْ فارس زِمان

مَدّ التَّرَف فِـ هْدوبه ... له صيتْ صارْ.. وْشان

خاوَى ابليس وْدَروا به ... قالوا ضعيف إيمان

الله يْغَفِر له ذْنوبه ... قبل يْجِيه الدّفان

شينه بْليس دْروبه ... يبْرَا لي من زمان

قصّــر عليّــه دوبــه   دافْ لْيَــه زَعْفــران

أبْطيــت فــي غيْبوبه   وابيه شْــمِتَوْا عِدْوان

الانْســان تِيْه عْقوبه   كانه عصَــى الرّحمن

دنْيــا غــدَتْ مَجْلوبه   في عيــن (بِنْ ذَيْبان)

ضاع الطرَّب وِاسْلوبه   واصْبــح بــلا عنوان

تــمّ المثــل مكْتوبــه   لــي قلْتــه بِالْبيــان

ضِعيف النَّفْس

خنْــت خِلّانــك وْعِزْبانــك
يا ضعيف النّفْس والسّــيره

مــا نِقــل بالْحَــقّ ميزانك
ما صَفــا لي فــي معاييره

وْلا ثِمَــر بالْخير بِسْــتانك
لَاصْدِقــاك وْلا نِقَــل غيره

سِــرْ وِيِعْلك في فَلَك شانك
عِدّكــم كِثْــرَت مِصَاديــره

هــوب غِلْجه ريــت بيبانك
حبّكــم حِلْيَــت مِسَــاميره

ضاعْ يــا الْمَضنون برْهانك
فــي بحَــرْ تَبْحر بــلا ديره

لاثْ عَـ الأَسْــياف سامانك
مِحْملــك طبَّــع بَحاحيــره

يوم صـــار ابْليـــس رِبّانك
قلت غيرك فِـ الهوى ذْخِيره

طاح طيحه سَــاس بِنْيانك
لــي بنيتــه وانْبنـــى غيره

ما بِطَى في سْــعِيد عِنْوانك
ضيّعــوا صِيتك مِسَـــاييره

يا الغِضي ولْسانك خْصانك
هوب هوه يْدِيرك.. اتْدِيره!

سِيْد السَّيِّدَات

عن من غِدا بي ما ســليت
أمْســي واقيّل فِـ حْسَــرات

لى مــن غِفَت عيني وِعيت
اتْهِــلّ مِــ العيــن عْبَرات

عوقي وشــوقي من هويت
ضيّعْــت عقلــي والثّبــات

له بالعمــر وامْري صخيت
وَاهْوى اللّقا قبــل الْمِمات

لــهْ بيت فــي قلبــي بَنِيت
حبّــه سِــطا وْقيَّــل وْبات

لــوْلاه مــا نِحْــت وْلِعيت

سِــيْد العَــذارى الخِرّدات

غرْقــان فــي حبّــه غديت

عانيــت ليْعــه وِسْــكَرات

خِــلٍّ علــى نوره سَــريت

خَذْ مِـ القمر حِسْــنه صِفات

فيــه الْوفــا والحــبّ ريت

عــذْب اللّمَى ســكّر نبات

له بمْعَنا وْشــوقي ســعيت

لِرْضــاه ســيد السَّــيِّدات

عوق صَابْ القَلْب

عوق صَابْ القَلْب ما اطِيْجه
غَثّ عيني والْمَــلا اذْهَالي

آهْ يــا مــن نَشْــفَوْا رِيْجه
فــي هواهم وَاتْلَفَــوْا حالي

شَــطّ بي مِـ اللّــى تِبَاريجه
شَــ الدِّماني عِقِبْ مِقْيالي

شَامِلَتْني في الحشا ضِيْجه
وْسَجّ فكري في هَوَى غالي

لى علــى بالــي مِنَاهِيْجه
يَـ انْ خِـــزَر بِالْعين تِحْلا لي

رِيْم مــا شــابت مِفَارِيْجه
مِضْمَره فيــه الحِقَبْ يالي

لــه غِــدَا قلبــي تِلِجْلِيْجه
ما فَخَتْ عــن عيني وْبالي

دَاسْ في سْــعِيد وْمِعَاليجه
وْفِي وِدَاده شَــرْبك حْبَالي

مــا نِفَــع كَفِّــي تِصِفِّيْجه

كنِّنــي فــي خايــعٍ خالــي

ليت حَظّــي فــي تِوَافِيْجه

والْتِقــي بــه زيــن اْلَاقْبالي

بَــدِر كنّــه في مِشَــاريجه

لوْ سِفَر شَمْس الضَّحى العَالي

آهْ ويْلــي مِــن تِباريجــه

مــا دِروْا بــه ليــت عِذّالي

بَيْت الحُبّ

سِرْت لْـ(مِصِر).. وِهْناك خَلّيت
قَلْبـــي.. وْبِيْـــت تْرَانـــي ابْلاه

عِنْــد الغِضِي لي لـــه تِغَاضيت
سِـــيْدي وْسَـــمّ الحـــال فَرْقاه

بانِـــي لْحبّـــه في الحَشـــا بيت
مَقْفُـــول والمِفْتـــاح يَمْنـــاه

بِالْعـــون عقْبـــه مـــا تْهَنّيـــت

لا لا.. ولا والله بَانْســـاه

يامـــا بِكَـــى لـــي يـــوم قفّيت

ويْقُـــول.. حبّي هَوْب تِنْســـاه

قلْت انْظِر لْحالي.. شْـــ تَمّيت!

لا حَـــوْل مـــن حبّـــك وْبَلْـــواه

رَايَاتْ

يا الْغلا.. لي لك غلا ريته　　في الضّمير تْـــرِفّ راياته

من دموعي حبّك أسْــقيته　　يا مُنَـــى قلبـــي ورَاحاته

في هــواك القلـــب خلّيته　　في خَلا.. وِتْخِــبّ نُوْقاته

جفْن عينـــي عايف مْبِيته　　من شِـــقا حبّــك وْحَرّاته

في غرامـــك روحي بْهِيته　　آهْ مِـــ البين وْمِسَـــافاته

يا الْغــزال اللّــي تْمَنّيته   لــي حِلِيْل وْنِلْــت غاياته

لــي تبَسَّــم يــوم لاقيته   قــال قلبي عنْــدك أوْقاته

قلــت حبّــك ما تْناســيته   شــاقني جيــدك وْلَفْتاته

محْمَلي في حبّك أرْســيته   لك صــدى قلبــي ووَنّاته

والسِّــجِلّ الماضي نْسِيْته   حبّ غيرك عفْــت غيّاته

يا حَسْرِتي

الزّيـــن يانا زْيَـــاره.. وْ زَرّ
أقْفَى.. وْقَفَّـــى القلب يِقْفاه

يا حَسْرتي.. من مِهْجِتي جَرّ
قلْبـــي.. وْخَلاّنـــي بَليّـــاه

أمْسيت من عقبه بْعَنا وْشَرّ
والنّـــوم جَفْنـــي مـــا تَهَنّاه

الغِـــرّ بُـــوْ مَيْدولٍ أسْـــمَر
ياللّـــي من الاطْيَـــاب يِطْلاه

حبّه سِـــطا وْفي يوفي أَثَّر
وِتْوَلّعَـــت نفْســـي بْرُوْيـــاه

خَذْني هَــواه.. وْقَلبي افْتَرّ
صوبه.. وْعيني دوم جَدْواه

يوم أنْظِره من شوفه أَسْكَر
الزّيــن لــي زينـــه مِزَاياه

بُوْ مِنْحَرٍ ياضي.. وْمِضْمر
مَطْواي طَيّ العِيْص شِفْناه

وَجْنات خَــدّه جُوري أحْمَر
واصْفَى مــن اللُّولو ثَنَاياه

والعين عين الحِرّ الْاَشْــقَر
لــى عِذْت بالتِّلــواح تِذْعاه

حِسْـــن وْجَمال وْزين مَنْظر
لي مِـ الدِّماني خَذْ سِـــجَاياه

سِبْحان من سَـــوَّى وْصَوَّر
فــرْدي جَمال الرَّب سَـــوَّاه

مَمْنون لُوْ سِـــيْدي تِصَخَّر
ســاعه يِلَسْ باتْفَاهم وْيَاه

باشْـــكِي لْجَنابه كان يَنْظِر
يرْحَــم بَعَــد قلْـــبٍ تِـــوَلَّاه

قلْبي شِـــجِي وِتْجَرَّع المُرّ
ألْعــي وْعوقي عِنْـــده دْوَاه

الحُبّ سِنّه

شمْس وْقمر وَصْف الحبيب
وِمْــن الزِّمــرّد والْــوُرود

لقْيــاه بــه جرْحــي يطيب
مــا يِنَّســى تــرْف الخدود

زولــه غناتــي مــا يغيب
لهْ في الحَشــا شان وْوجود

والشّــاهد الله لــي رجِيْب
كــمْ نحْــت والعالــم رِقُود

فـــي ضامري نـــار وْلـهيب
نجْم الدّجى عنْدي شْـــهُود

كلٍّ درَى قلبـــي صويـــب
مـــن صاحبٍ ناصـــح وِدُود

صعْب الْعِشِقْ وَامْره عجيب
خَلّى اللّيالي البِيْض سُـــود

حبّيـــت قرْبه.. وَاسْـــتجيب
لامْـــرَه مســـافات الحدود

والحـــبّ سِـــنّه مـــا يعيب
خَلّـــه ملامـــك يا حســـود

حبّيـــت بـــو خِصْـــرٍ جِبيب
لـــي مـــا يبـــادِرْ بالصّدود

وَنَّاتٍ خِطِيْره

أنــا ونَّيْــت ونَّــاتٍ خِطيــره
مــن اللّيْعات وَرَّقْــت أصْدِقايه

بِطَى دَمْعي على وْسَادي قِطِيْره
شــرَا الامْطار ويْشَــيِّب بْكَايه

على من في الحَشا سَوَّى حِظِيْره
سِــكَن قلبي وْشَــيَّد لــه بِنَايه

حَبِيْب القلب لي دوم أسْتِشِيْره
هواني وِاهْتِويتــه من هِوَاني

حَشــا قلبي تَرَى ما حَبّ غيره
غَلا له في الحَشــا ما له نِهَايه

كِسَر قلبي شَــرا كَسْر الجِبِيْره

وَلا لي في هــوَى غيْره هْوَايه

صِبَــرْت سْــنين وايَّــامٍ كثيره

علىً ما بي.. وْعوقي في حِشَايه

شِرِبْت المُرّ كاســات المِرِيْره

مْرَادي من رِضى زين السِّجايه

حِسِــيْن اللّون خَدّه تِسْــتِنِيْره

كمــا البَرَّاق ياللّي في سِــمايه

كسَاهْ أوْصَاف ربِّي وَاسْتِخيره

خَيَار الخُود مَيْته يــا اخْوِيايه

تِسْتاهَلْ مِقاله

يــا زيــن تِسْــتاهل مِقاله
فيها مْعَنــى وَابْيات عَدْلات

واللّي شَــراتك ينْصخَى له
بابْيــات عَدْلاتٍ وْسَلْســات

حافِظْ علــى الزّين وْجَماله
فيكــم لِجِيْتــه قَيَّــل وْبات

خَدِّك شَــرا البَرْق اشْتِعاله
ياضِي غدا لي كلّ ســاعات

وْعِنْقك كما عِنْــق الغَزاله
وِعْيــون سُــود وْبابِليّات

يِعْلك عســى بْخير وْسَهاله

يا الزّين لي ما دِسْت زَلّات

حِشِــيْم.. ما يَتْــك الجِهَاله

يا بُــوْ هِدَبْ ريشٍ وْزَافـات

وِيْقول لــي صَــدَّق خِيَاله

يا الزّين فيكم بعْض الابْيات

شــاعِر وْوَقْته ما صِفَى له

عليه شَنّ الشّــيب غارات

شَــطَّه هِوَى خِلٍّ سطَى له

لي به غدا وَاسْــقاه لِيْعَات

سِبْحَان من صَوَّرْك

أهْواك يــا المَضْنــون وَافْداك

لا تْبِيــع حبّــي فــي غيابــي

روحــي وقلبــي عنْــدك هْنَاك

فرْقــاك يــا الْغالــي عذابــي

هيْهــات قلــبٍ يــاك ينْســاك

وَابيــع فــي شــفّك جنابــي

لــوْلاك يــا المَضْنــون لَوْلاك

مــا بــاح دَمْعــي سَــدّ غابي

عوقي وْشــوقي لــك وْلاماك

حبّــك عــن الْمونه سَــها بي

أصْغى لِهَمْســك وَاطْلب رْضاك

خِذْ فــي الهوى خِلّــي عَذابي

حبّيــت قرْبــك قَبــل لقيــاك

قلبــي جِــدا قلبك ســرَى بي

تمْتــاز ميــزه فــي مِزايــاك

عودِك عَدِل في غــرْس رابي

ســبْحان من صوّرْك وَانْشــاك

جِيــد وْجَمــال وْرِدْف نابــي

عيني تسْتخيل

عينـــي جَداكُــم تِسْــتِخيل
وَاخْتال طيفِك فـــي الخيال

يـــا الخِلّ لـــى ما لِــكْ مِثِيل
في الخُـــود يا بَـــدْر الكَمال

يـــا عُوْد مـــوزٍ فـــي غِتِيْل
جَتْلـــي علـــى يَدْكُــم حلال

مِشْــتاق لك.. قلبـــي عِطِيل
وَالْقـــاك عنّـــي ما تِسَـــال

وِلْجِيتِنـــي كَنِّـــي جِـتِيْـــل
فـــي حِبُّكم.. والدَّمْع ســـال

عزْمي غِـدا عنْكـم جلِيل
قُـــمْ قُـــوْد قلبـــي بالْعَـــدال

ويْلِـــي من الحِرمـــان ويْل
أختـــال لـــي مِـــ البِعْد لال

ما ينْقِصَـــى وَصْف الجِميل
خَـــذ مِـ القُمَـــر قِلْت الجمال

شمْس الضّحَى فيه أسْتِخِيْل

يِـ انْ خَزّ شَــرْوات الغزال

لـــى ثار من عقْــب المِجيل

لْجِيْــت لـــه جيــل وْثِــلال

لَــوْلاه مــا قِلْــت المِثِيْــل

بُــوْ خَدّ فيــه رْمُــوز خَال

تمَّــت وصَلُّوا عِـ الرِّســيل

وِلْجِيْت بي ضــاق الْمِجال

حَانْ الْوِدَاع

حـــانْ الـــوِدَاع وْهَلّــت دْموع
مـــن مـــوق عينـــي للمْحبّين

قلْت الـــوِدَاع وْقـــال مَزْروع
حبّـــك غناتـــي بيـــن ضِلْعين

قلْـــت المحَبّـــه سَـــوَّتْ فْرُوع
بينـــي وْبينك يا ارْيَـــش العين

حبّـــك علـــى لِفْـــوَاد مَطْبـــوع
فرْقـــاك خِلّـــي والله مْحِيـــن

يــا الْغِرّ يــا بُو عُــوْد مَرْبوع

لِرْضــاك قلبــي دومــه يْلِين

لــك بِالْوفــا واللّيــن والطّوع

صابــر على الْحِرْمــان والبين

ما لي عَزا يــا الْخِلّ.. وِرْجُوع

عَــنْ من يِبَــاه القلب يــا زيْن

تَــمّ مْعَلَــقْ لِفْــوَاد مَقْطــوع

ضاعْ العَقِــلْ لي بوْنــه ذْهِين

مرْكب غرامي غِرْق في القوع

فِــ بْحُــور حبّــك.. والله يْعين

عينــي بِكَتْ لــك وِالْمَلا هْيُوع

عوق الْعِشِقْ لَوْ بَاجْحَد.. يْبين

الغَيّ فَضّاح

لي ما يْــداري لِلزَّلَقْ.. طاح
يعْثَــر.. وْحِسّـــاده هَذُوْا به

وْدَرْب العِشِقْ والْغَيّ فَضّاح
وْيا شـــيخ شَــلّتْني هَبُوبه

ســـارِي وَاغنّي كنْت مرْتاح
ســـاعه وْحَلّت بـــي عْقُوبه

«موْتَر» جِديد تْكَسّر وْراح
في شَفّ من قلبي غَدوْا به

بارْتاح لَوْ مَضْروب بِسْلاح
أشْوَى.. ولا سَدّي دَرَوْا به

الاَقْدار ما خلّـــت لي جْناح
ليـــن أنْتِبـــه وَاقـــول توْبه

حبّ الغِضِي في دَمّي انْساح
سِيْدي سِـــطَا قلْبي اسْلوبه

لَوْ (مَغْربـــي) وِبْعيد مِنْزاح
أرْتـــاح له والعيـــن صوْبه

خدّه شعاع الشّمْس وَضّاح
اْلَاطْراف وِالْمَنْحر اعْجُوبه

صايـــر قِفِل قلبـــي وْمِفتاح
فـــي الحبّ وَاتْحَمّـــل ذْنوبه

مَتْرَى الْعِشِق يا شيخ ذَبّاح
قلبي عَرَبْ نـــاس ابْتَلوا به

لا تْلوم (بِنْ ذَيْبان) لَى صاح
في شَـــفّ من ترْفـــه يْنُوبه

دَمْعـــي بْسَـــدّي للعَرَبْ باح
حبّيت شَـــقْرا فـــي العروبه

فنّي على فـــن الغِضِي طاح
حبّه ســـطا وْشـــيّد اطْنوبه

خِلٍّ يِسَلِّيني

فـــي (سَــلا) خِلٍّ يِسَــلّيني
و(الرّباط) الزّيـــن عِنْوانه

مـــن غرامه قام يسْــجيني
لي عليـــه الـــرّوح وَلْهانه

كم بِكَتْ له يـــا عَرَبْ عيني
بِالْبيـــان.. وْدوم سَـــهْرانه

غير شـــوفه ما يْشـــافيني
هوْب عادي سَـــيّدي.. دَانه

بـــدِرْ كنّـــه يـــوم يضْويني
لَـــظّ نـــوره بيـــن عِرْبانه

صــــارْ حبّه في شَــــرايِيني
له خِضَــعْ قلبــي وْبِرْهانه

لَـــى الْتِقينـــا قـــام يَلْويني
مِـ الْوَلَـــهْ وِتْهلّـِــي أعْيانه

اْلابْتِســـامه بينــــه وْبينـــي
والْعِشِـــق ينْطق به لْسانه

ســـيّدي سِـــيْد المِزَايينـــي
من شِــعَاع الشّمْس نيْشانه

في غرامـــه خَذْنـــي بْليني
والْتِوَى قلبي على اغْصانه

مِثَابه

للحــبّ فَــنّ وْذوق وِحْقــوق
بــهْ بَاعْتــرف وَاقْبــل مُصابه

مــا الُــوْم قلْــبٍ قَيّــل يْتُوق
وْلا الُــوْم دَمْعي لــي هَذى به

وْيا الله يا اللّي في السّــما فوق
إغْفِــر لمــن مِثْلــي غَـدا به

لك باشْــتكي لِفْــوَاد مَحْروق
يــا عالــم الغيــب وْعَذابــه

عــذّب ضِميري حــبّ مَخْلوق
أدْعَــج غَنَــجْ رايــع شِــبابه

خَذْ مِـ الْيِــوَازي عين وِعْنُوق
ومْــن القمر نــوره ضوَى به

حبّــه سِــطا دَمّــي وْلِعْــرُوق
سِــيْدي.. وْوَثّق لــي صِوَابه

أسْــهَر لِحُبّــه والْمَــلا دْنُوق
وَاطْلــب مــن الْمَوْلــى مِثَابه

يــا عاذلي يــا خالي الشّــوق
مــا احِيْد لــك عنْــدي اطْلابه

أهْوَى هوَى الْخَفْرات.. وَآسُوق
حالــي.. وْرُوحــي وِالْقَرابــه

في شَــفّ خِــلٍّ غالــي الموق
أكْحَــلْ.. ونــوره يِنْسَــرى به

خَذْنــي بْلِيْن وْطيــب مَنْطوق
حافِــظْ علــى حَضْــرة جَنابه

ما جـــاكْ في اللَّمّـــات مطْفُوق

هَمْسـه علـى قلبي سِـطَا به

أهْوَى هــواه وْقِلْــت مَرْفوق

غيـره فلا لْســاني هَـذَى به

إلْهام شِـعْري صــار والذّوق

عقْلــي خَـذَهْ خِلّـي نَهابـه

حِسْنه شِعَاع الشّمْس.. وِيْفوق

لـوْ ينْظـر الميّـت وَعـى به

وِدَاعْ الغَالِي

فرْقــا الحَبيــب الْغَالي   غَــثّ النّظِيــر وْبالـــي

خِــلٍّ سِــطا لـــي حِبّــه   كِلْ حيــن يِتْــراوَى لي

ما لي عِزَا عن شــوفه   مهْمــا حَصَل لــه حالي

لاجْلــه ســهَرْته ليلـــي   عنــدي عزيــز وْغالي

بــدْر الدّجى فِـــ خْدوده   مَنْظــر ظهَــرْ جَتّالـــي

شــوق الْعِشِق في عينه   غيــره فــلا يخْــلا لي

مَـــرّج نِظِيْـــر عْيونـــي   لـــه اْلاَوّلـــي وِالتّالـــي

تَـــلّ الخفـــوق وْشَـــلّه   هَلْ كيف بامْسي سالي؟

خَلّـــى الْغَـــرام وْحَـــرّه   فـــي ضامـــري تيْتالي

خَذْ مِن ضِميري رُوحي   عنْـــد الْـــوِدَاع الغالـــي

الْحَسَد

عقلـــي خَذَهْ وِالقلـــب عِنْده
خِـــلٍّ سِـــطَا قلْبـــي وِدَاده

تحْت الثّرى سَـــدّي وْسَـــدّه
ما حَـــدْ جَنى غيري حَصَاده

لَـــوْ دَارَوْا الحِسّـــاد ضِـــدّه
قلْت الحِسَدْ في النّاس عاده

أهْـــواه وَادراي لْـــــــوِدّه
يشْـــهد لي اللّيل وْسُـــوَاده

عارف مِدَى جـــزْره وْمَدّه
فـــي الحبّ له حِلّ وْســـياده

بدْر الدّجى والشّــمْس خَدّه
عَــ الْقلــب وَلّيْتــه القياده

قلبــي عــن البَاقيــن صَدّه
والحــبّ للعاشــق عْبــاده

والحبّ ســيف الموت حَدّه
كــمْ عاشــق تْعَــذّب فُؤاده

حبّيت لي فــي الحبّ وَرْده
تِسْــقَى من القلــب وْبَراده

أهْــواه فــي قرْبــه وْبُعْده
عندي من الْمَوْلى شَــهاده

صُون حُبِّي

صُــون حبّــي لا تبيعــه   بالْوفــا خَلّــك رْبِيعــه

بالّــذي لــي تِسْــتطيعه   يــا ضِيــا البَــدْر وْتَمامه

***

يــا حبيبي صــرْت أحبّك   ليتنــي قُرْبــك وْجَنْبــك

حِــطّ قلبــي فــوق قلبك   وِافْهــم الغالــي غَرامــه

***

لا تْغـاوي بِكْ حِسُـودي   فـي هوانا يـا (ودودي)

لـك غرامي لـك وِجُودي   لك صدى القلـب وْهيامه

***

يا منـى الـرّوح وْهواها   لا اتَّعَمّـد فـي شـقاها

حبّـك الغالـي قِصاهـا   منْـك تكفـي الإبْتسـامه

***

يـا الْغَـلا لَـوْ بَاتّغَـلا   عنْـك قلبـي مـا تَخَلّـى

لـك سِـجَدْ بالـي وْصَلّى   في الغـرام وْلك سَـلامه

***

فِدَتْك الرّوح

حبيب الرّوح يا ســاكن خيالي
أنا ما اقْدَر على فرْقاك ســاعه

ســهَرْت اللّيل يوم الكلّ خالي
مرادي مــن وِدَادك واِجْتماعه

أحِبّــك حــبّ حبّك سَــمّ حالي
وَاعاف الكون عقْبك واتّساعه

جمــالٍ فيك في قلبي سِــطَا لي
كما بدْر الدّجَى خدّك شــعاعه

فدَتْك الرّوح يا من صرْت غالي
غلا لك في الحشا والدّمْع ذَاعه

فلا غيــرك حبيب وْلا طرَى لي

ولا عنْدي على الفرقا اسْتطاعه

حبيبي صرْت لـــي أوّل وتالي

ولا لي في الهوى غيرك جماعه

جمَعْنا وْياك ربّـــي لي بغى لي

شـــقا الحِرْمان والبُعْد وْمَتاعه

برَاه الشّوق قلبي.. هوْب سالي

عن السّـــاعات لي كنّـــا رْبَاعه

مضَـــتْ الاَيّام حِلْـــوه واللّيالي

يريح القلب همْسك واسْتماعه

أشْرَب الآهات

مــا هــدَا بالــي وَلا عينــي غِضَــت
مــن مصاب الحبّ عايــش في عذاب

بحْــت مــا بــي وِعْبَراتــي اهْمِلَــت
بينــي وْمــا بيــن جِلاّســي ضَبــاب

إنْ ضوانــي اللّيــل ليْعاتــي ضِــوَت
والنّهــار هْمــوم يمْضــي واكْتئــاب

أشْــرَب الآهات وَاعْضاي اسْــجِدَت
للحبيــب اللّــي عليــه القلــب ذاب

لهْ غَــلا.. وِجْــروح باطِنْ مــا بَرَت
مسْــتحيل أنْســاه لــوْ طــال الغياب

أذْكــر السّـــاعات وايّـــام مِضَـــت
يـــوم كنّـــا وْيـــاه والمَطْلـــوب طاب

طابْ لـــي لامـــاه.. بهْ روحـــي بَهَت
وِانْ طلَبْت الطّيب من صوبه اسْتجاب

حازْ حِسْــن الغيد وَاوْصافـــه اكْمِلَت
كـمّـلَـهْ مَـــوْلاه مَـنْـقـاي الـشّـبـاب

لـــهْ لِعَى لِفْـــوَاد وَاشْـــواقي سَـــرَت
في هـــواه اتْعَبْـــت مَحْبوبـــي الْجَناب

نورْ شَـــمْس الكون في خـــدّه الْمَعَت
جـيـده الــجَــذّاب عـذّبـنـي عـذاب

أحبّك من جِديد

صون حبّــي لا تبيعه　　لا اتِّعَمَّــد فــي عذابي

لا تْشَــمّت بي عذُولي　　لا تِقُــول إنّــي بعيــد

***

لك عَنا شوقي ونوحي　　يا الْغلا وْبَلْسم جرُوحي

يشْــدو بْحُبّك فُؤَادي　　مثل مــا قِلْبــك يريد

***

أتذَكّــر كلّ ســاعه   يوم أنــا وانْته رْبَاعه

في غَرام الشّــوق كنّا   وْكنّهــا الأيّــام عيــد

***

نقْطِف زْهُور المَحّبه   وْليلنــا بــارد مَهبّــه

لا عتــاب وْلا عواذل   غير هَمْسات القصيد

***

تبْتِسم لي وَابْتِسم لك نور شمْس اليوم مِثْلك

صرْت رَاحات لْخفوقي صرْت لي يا الْخِل سِيد

***

مــا تْناســيتك ثواني يا الْغلا وْحبّك سباني

ماخِــذٍ عقْلي وروحي صرْت أحبّك من جديد

***

فَنِّي على فَنَّه

خَالييــن الشّــوق خلّوني
في غَرامي وَاسْــجع الْوَنّه

شَــطّ بالي حُــبّ مَضْنوني
بــو جبيــنٍ كالْقمــر كنّــه

له غلا وْتِسْــهَر له عْيوني
لوْ نِسِــيْني هوب ناســنّه

صحْــت والْعِــذّال لاموني
خَالييــن الْبــال والسّــنه

يــوم نحْت وْقِلْت شَــطّوني
نــاسْ قَلبــي وِلْهُــم المنّه

مِـ الْغَرام وْشــوقه أسْقوني
والذي بــي فوْعة سْــمِنّه

صغْت فيه الشّــعر وِلْحُوني
طــاحْ لــي فنّي علــى فنّه

من غَرامه غِرْقت غْصُوني
يــاز لــي جِثْمانه وْسِــنّه

يــا هَــلِ اليُــوْدات ثيبوني
والْعَذارى الصَّــبّ يِقْصَنّه

دَمِع عيني غَرّس حْضوني
ضامــري الآهات يِسْــقنّه

قَلْبي مْتَيَّم

قَلْبــي مْتَيَّــم.. وابْتَلــى
بِالْعِشْــق.. وَالْقَى ما سَــلا

عن صاحب الْوَجْه الجميل
يَصْبح ويَمْســي في (سَلا)

مجْنــون في حبّــه غديت
له في الْحَشــا شــان وْغلا

وَاعْــزا الصّديق اللّي رِفيق
والــلّــي شَــراتــي يِنْـتـلا

مخْتــــار حَرّه فـــي الضّمير

مـــا ريْــت مثله فـــي الْمَلا

خَذْ من شِعَاع الشّمْس لون

حِسْـــنه على الْحِسْن اعْتلَى

تَــلّ الْعَقِل فينـــي.. وْجِيت

أبْكي.. وَاسِــيّع فـــي الْخَلا

دمْعـــي فِضَحنـــي في هواه

لـــلــرّوح والــخــافــق وَلا

وَصْفـــه يتِـــلّ القلـــب تَـــلّ
خِشْـــف الرّشـــا لي يَنْشلا

وْعِنْقـــه غَناتـــي عِنْق رِيم
قـــادْ الْيِـــوَازي فـــي الْفَلا

بـــدْر الدِّجَـــى خِلّـــي غِوَاه
فـــي غيْـــم والْغيـــم ايْتَـــلا

لِقْيـــاه بـــه جرْحـــي يِطيب
ما احْـــلا اللّقـــا وْكِلمة هَلا

سِجَايَا

رَاعِــي الْعَيْن الْغِضِيّه　　خَذْ سِــجَايا السّوْلعيّه

شَطّ لي قلبي ورُوحي　　مرْتعــه دارٍ عِذِيّــه

مِـالْحَضَر خَذْ والْبِوَادي　　والعَوايــد ٱلاوِّليّــه

يا انْ خِزَرْ تَسْبيك عيْنه　　والْمَحاســن عَدْمِليّه

مــا تغَنّى بــه غرامه　　بِالْجِدى نفْســه غَنيّه

كامل الأوْصاف سِيْدي　　مَنْحره شمْس ضْحِويّه

يِغْل تسْقي الزّين داره   لي طرى وَصْله عليّه

تقْطــف الأزْهار ذوْده   والْحِيا حرْشى وْنِصيّه

إنْ نصيتـــه مـــا تكدّر   قـــام يرْضِف لي تحيّه

عَدْملي.. سَمْت البِدَاوه   ما عَطى المَطْفوق حِيّه

ماوطى الطّانِف طرِيقه   ما دَرى بْسَـــدّه خويّه

بالْعِطِرْ يطْلـــى يدِيْله   عَـ الْخَصِر سبْعين ليّه

للمعانـــي مرْحبانـــي   والسّـــجايا جاذبيّــه

عُوْد مَزْيُون

لَوْ راهبٍ يــا (الْمَغْرب) وْلَفّ؟
ويْشــوف لي شــفته بِالِعْيون

كان اخْتلف عن طوعه.. وْرَف
قلبــه.. وقــام يْجــرّ بِلْحــون

رِحْت (الرّباط) وْصِرْت مِخْتَفّ
خَذْنــي هَوى بُو عــود مزْيون

يامــا صفَقْــت الكَــفّ بالكَفّ
أبْكي حِسَــفْ بالْكبــد مطْعون

دَفّ العِشِــقْ في ضامري دَفّ
دَفّ الطَّــرَبْ لــي بــه يْغَنّون

يــا لابتــي والدّمْــع مــا خَفّ

قلبــي غــدا بــه فايِــجْ اللّون

اْلاَوّل مْطــوّع بَــاوّل الصّــف

تايب.. واســابِق لــي يصلّون

واليــوم قمْــت آيــول وآطِفّ

حــبّ الطَّرب مــا خَذْني بْهون

كسَّــر اعْضايه والعَقِــل خَفّ

خافِقْ ضميــري صار مجنون

في شَــفّ من شِفْته شِفَا وْشَفّ

الْيــهْ.. وانا له قلْــت يا عون

نعْمَة من الْمَعْبود

عمّ الْمطر داري وِالَاوْطان
عقْب المَحِلْ صارَتْ خِصيبه

شــفْت الغواني تِرْد غِدْران
صبْح وْمسا.. وْلا شَيّ غِليبه

وين الحِيا سوّى له أغْصان
وِيْســلّي القلــب وْحبيبــه

به اتْباشرَوْا حَضرٍ وْبِدْوان
وَسْــمي هِطَلْ طوّل صِبيبه

يا (بُــوْ علي) والْكِلّ فرْحان

بالْغيــث.. والنّعمه الرّحيبه

نعْمه من المَعْبود سِــبْحان

هايْ السّـــنه مطْرَه عجيبه

عمَّتْ وطَنْ (زايِدْ) ووِدْيان

سالَتْ على الرّمْل وْحِضيبه

كلٍّ سَــرَحْ للبَــرّ طرْبــان

قيّل علــى شْــرُوفٍ قِريبه

بين الزَّهَــر والكوس ذَنّان

والعــود يِتْمايــل قِضِيْبــه

وِيْن الْعَرَابي يِمْسَــنْ ابْدان
والــدّر يخْــلا لك شــريبه

شرْب الثّرى والقاع رَوْيان
فــاح الحِيــا للنّــاس طيبه

وْعَــمّ الرّبيــع لْقيت قيعان
وِانْســـاح بُو خْصُورٍ جِبِيْبه

لي في المعاني هوْب كسْلان
ضافي على الجار وْجِريبه

خَذْني هواه وْبِتّ سَــهْران
يــا فرْحتي يــوم ألْتقي به

الشّاعر المَعْرُوف

أنا الشّاعر وَانا الْمَعْروف　　وَانـــا لـــي تشْـــهد الأقْلام

وَاحِبّ الزّين لي ماصُوْف　　وَاداجِل فـــي مدى الاكْرام

ضميري ما غدا مكْشوف　　وَلا احِـــبّ الّـــذي نَمّـــام

يداخلنـــي مـــن الله خوف　　وَاداري نعْمـــة الاسْـــلام

نِظَرْ عيني بعيد الشّـــوف　　وَاحاتي مـــن وَرَا وْجِدّام

يَلَي منّـــي نِظَرْت ضْيوف　　أرَحّـــب والصّـــدِر بَسّـــام

وَاعاف الصّاحب المَلْقوف وَادُوس النّفـس بالأقدام

سلبْني بُو خصِرْ مرْدوف طرَى لــي والعبـاد نْيام

وداده فــي حنايا الجوف خليجي والسّـجايا احْشام

يصرّفْنــي جِـداه آلُـوف خليلٍ مـا عِبَـدْ الاَصْنام

خفيت اسْمه بخَمْس حْروف علــى غيري لقــاه أوْهام

يداجِلْنــي بْعَطف وْروف يقاسِـمْني شـقا اْلاَيّــام

درْب الهُدَى

يــا الله يا عــلّام الاسْــرار
يــا خالــق اللّيل وْســواده

عبْدك ضعيف الخَلْق .. مِحْتار
وِانْــت الذي عنْــدك حياده

الْجَار ما ينْشــد عن الْجَار
كلٍّ يبــا يبلــغ مْــرَاده

من صافَــجْ الدّنيا والانْكار
شــفْته يبــا يبني سَــعاده

للعاجلــه يسْــعي.. وْمكّار
ينْكر مقرّه والشّهاده

وِانْــت الــذي للعَبْــد غفّار
كــلٍّ خلقْته للعِباده

عَصْــر الزّمــان تْغيّر وْدار
والزّيــن ما يبْطــي وداده

كثْــر الرّخا وتْقــوَّتْ الدّار
من فَضِل (زَايِــدْ) والقياده

كلْما بغيــت أتُوب.. وَاخْتار
درْب الهدَى.. شفْت المكاده

إبْليـــس بالِنّـــي بالافْــكار
قـــال الطَّرَبْ للنّـــاس عاده

هوْب اتْغَــدي للطّوع بيْطار
مـــادام مـــا عنْدك شَـــهاده

لي ما قرا (عَمّا) فـِ الاسْطار
ما يقْصي الدّيـــن وْحَصاده

غيرك تِعَنّى لـْ(مَكّه) وْسار
حَجّ وْعِمَـــر.. وابْليس قاده

خلّك طبيعي وِاكْتب أشْـــعار
والزّيـــن لا تَتْـــرك وداده

سِرْ بِالْجِدا.. لا تَفْضي أسْرار
لَاهْل المقاصي والشّــداده

في اللّيل لا تَسْري على الْقار
وَانْصَحْك لا تِسْــهر زياده

قمْت أفْتِكــرْ وَاعيد الانْظار
في مْداعــب ابْليس وْبَراده

يبْغي ايْعَمي لي عيني غْبار
بَيْحــطّ عَـ الغارِبْ شْــداده

عِذّالي عَصوني

حبيبي لى تذَكّرْتــك.. ضِوَاني
سرَابْ الْهَمّ.. لي هيّض شجوني

شكيت الْحال من شوقٍ قِصَاني
غِرِيْــم الحبّ ما تغْضي عيوني

حبيب الرّوح يا سِــيْد الْغَواني
وِدَادك باحْ بــي وِاصْفَرّ لوني

أنا الْمَصْيوع في شــفّك تراني
وَارَى الْحِسّاد لي صدّوك دوني

فِدَتْك الرّوح يــا عَذْب الثّماني

رجيتــك لا تْخَيّب لــي ظنوني

سِــقِيْم الْحَال.. حبّك لي سباني

ســهير اللّيل.. عِذّالي عَصوني

ألا يــا ليت من صوبــك لفاني

لفِيْح الشّــوق لي به شوّقوني

هَــل الْغَيّــات يا غَــيّ الدّماني

دِميت جْرُوح قلبــي لِمْحَزوني

بغيت أنْســاك لَــوْ حتّى ثواني

ولكنّــي لقيتــك مــا تهونــي

رَحَمْــك الله يــا زيــن الْمعاني

عساك تْكون مِـ اللّي يرْحِمُوني

خَابْ الرِّجَا

رَاضــي بْصَــدّك والعِتابــي
يا مــن غديت لْعوقي أسْــباب

يا الزّين يــا سَــمْح التّصابي
الِانْســان للزّينيــن طَــرّاب

قلبي شِــجِي.. بي عوق غابي
في ضامري.. وَارْقَب نِبَا احْباب

لكــنّ رَيْعانــك ســهَا بــي
بيّــة نِظيــرك بَطَّلــت بــاب

شــفْتك شَــرَى ريمٍ غــدا بي
خدّك خطــر لــي والفِكِر غاب

علّيــت صوبــك بالْغَرابــي
دِلْــخ البَحَــر والْجَــوّ ما طاب

يوم نْظِــرِي صوبــك حدا بي
لجّــت ضميــري بَنّــة اطياب

هَيْــوك وظَنّــك مــا دَرى بي
دِسْــتور فنّــك مــا لــه كْتاب

مــا داقِلَــنْ نوقــي جِوَابــي
بــرْدٍ.. فلــجْ جــاري وْعَبّاب

عَـــ الفَـــنّ والغَيّـــات رابـــي
يوم الْعَرَبْ تفْـــزَع على رْكاب

يـــا الزّيـــن لـــي عثّـــك جنابي
ما لـــي عليكـــم كايـــن اطْلاب

غَمْـــري رِفيجك فـــي الدّوابي
منْـــك العَفُو يـــوم الرّجا خاب

ما ينْفَعْك الغُرور

سَـوْ لك مـال وْجِذور   خلّـك عنْـدك مـكان

خـلْ النَّسِـل طابُـور   خِذْ لك عَشِـرْ نِسْـوان

دِنْيـا تبْغـي مِكُـور   واحِـدْ مـن الفِرْسـان

قلت انْسِـيت (الزّبور)   وْ(الِانْجيل) و(الْفُرْقان)

لـي حـذّر يـا مْعثور   تـالـيـتـك لـلـدّفـان

طيـع الله لـي غَفُـور   وتْصَـدَّق عَـ الْيِـرَان

مـا ينْفعـك الِغْـرور   من طين صرْت إنْسـان

شَوْق وْعَذَاب

سهْمك سِطا القَلْب وْنِقَش   في ضامري شوق وْعذاب
فتّان حِسْـنك لـي رِبَش   عقْلـي.. وْسـقّاني هِيام
شـوفك شِفا جوفٍ عَطِش   يا الطَّشّ.. يـا نَفّ الغمام
غيمـك على قلبـي فَرَش   رُوْيـاك يـا عَـذْب اللّثام
شـفْتك وْلِك قلبـي قَرَش   لك صِحْت يا بَـدْر التّمام
واسْـقيتني سَـمّ الْحَنَش   خلّيـت عينـي مـا تنام

شوقي جدا شوقك طَرَش　　ما لــي على بُعْـدك مرام

مطْراي لــي طيرك وَحَش　　بــسْ لا تْعَذّبنــي.. حرام

لــو رَاهــبٍ بِــيّ انّدِهَش　　حسْنك سِحِر.. سَلْس الْقَوام

لك بَــشّ قلبــي وِابْتِلَشْ　　باشْــواق نظْره وِابْتســام

غُفْران

يا ابْــن آدَم يا غَرُور غرّك هَوَى الشّــيطان

تتْجاهــل فــي الأمور كنّــه عَــ قلبــك ران

جاحِدْ صــرْت وْكِفُور قلبــك خِلِــي الإيْمان

ناســي يوم النّشــور يــوم الفِطيــن يْبَــان

يــوم القبــور تْفُــور كلٍّ ظهَــر عَرْيــان

الابْصــار فيــه اتْدُور صِــرّع بــلا برْهــان

كلٍّ نــادَى ثبــور يــا ربّنــا غُفْــران

يومٍ عَسِـــرْ مَسْــعور　　خالـــي مــن الخِلّان

حَـــدٍّ غَشــاه النّـــور　　وبْهَاللّقــا فرْحــان

وْحَـــدٍّ صـــار مْحَقور　　الله عليـــه غَضْبـــان

خَـــلّا الدِّيـــن مْهَجور　　عبْـــد الدّراهـــم كان

يتْعمّـــد لِمْحَـــذور　　مـــازِمْ فـــارس زِمان

يرْمِس وْيِشْـــهد زُور　　كـــذَّب هَـــلْ القـــرآن

قـــال الدّنيـــا ســـرور　　فيهـــا الغني سِـــلْطان

عمّـــر وْبَنّـــى قْصُور　　بَيْقـــال نِعْـــم فْـــلان

لاحِـــق علـــى لِقْبور　　خِذْ مِـــ الحاضِر بَيان

هـــوْب تْغَدي عِصْفور　　للمال ســـمْعه وْشَان

والدّيـــن بِالْمَيْســـور　　والله غـفـــــورٍ كـــان

هـــوْب اتْعَقّـــد الِامُور　　وِتْعيش عَـــ الْحِرْمان

لالْ

البارْحـــه قلْــت المقـــال   يـــوم الخِلي بايِـــتْ ذِهيل

بِتّ أفْتِكـــر والْقَى المِجال   مقْبوض وِابْـــن آدم قِتيل

مهْما عِمِرْ الإنْســـان طال   ياخِذ مـــن الدّنيـــا القِليل

يـــا ذا الذي سَـــوّيت مال   لا تْقول حِمْت المســـتحيل

دنياك يـــا الْمخلـــوق لال   فيها شَـــرَى الْعابر سبيل

وِانْ مِتّ ما شَـــلّيت شـــال   منْها.. وْخلّيـــت الضّويل

شَـــلّوك رَبْعـــك للـــزّوال   يـــا ابـــوك ميّت للغَسِـــيل

سَــوّوا على الجثّه احْتفال　　يوْله.. وْقالوا شِيل.. شِيل

تاحــوك في جــال النّكال　　في حفــرةٍ ظَلْمــا وْظِليل

وين الشّفا.. وين السّؤال　　وين العمــل يبْغــي دِليل

ضــاع التِّصِنّــع والجمال　　وِالْويــل لك كانــك بخيل

لاقــاك ربّــك ذُو الْجَــلال　　يــا اللّي فلا غيــره وَكِيل

كلٍّ بكــى.. ســاعةْ وقال　　لِفْــلان مــا نلقــى بديل

خَلّيــت خِلّــك وِالْحَــلال　　عبْد الــذي عقْبــك حِليل

تمّيت ذِكْرى فــي الْخَيال　　يــا انْ كان قد فاعل جميل

نِصِيْحَة

سِــمْعوا منّــي نصيحه　　وَانْصَــح نَفْسِــي قَبِــل

يا اهْــل الْغَــيّ وْقبيحه　　يتْنَــدّم لــي غِفَــل

يــوم يْلاقــي ضِرِيْحه　　وْعن من حبّــه اعْتِزِل

لفّــوه فــي سِــرِيْحه　　هالــوا فوْقــه رَمِــل

لا مــال وْلا منيحــه　　لا خِــلّ وْلا نَخَــل

وَامْسى الْخليل يْصِيحه　　قــال الغالــي رَحَــل

يـا هـي والله جِمِيحه ... مـا نِلْقَـى لـه بِـدَل

لوْ تـاب قبْـل الطّيحه ... كان أخْيَـر لـه عَـدِل

زمّـه بْليـس وْرِيحـه ... قـام ايْـدُوس الْوَحَـل

يمْطَى الغرام وْسـيحه ... سَـمَّى العوْفـه عِسَـل

مغْتَـرّ في التّسْـريحه ... لا راضْ وْلا عقـل

يـدّه كَـدّ البِطيحـه ... لا بِطْـر وْلا زَعَـل

حافظ علـــى التّصْبيحه	يــوم اتْجِيــه احْتِفَــل

تلقَــى العِطِر في الرّيحه	مسْــك وْزَبــاد وْفِــل

ما بيّــت شَـــ الجْنِيحه	كــامــل عَــقْــل وْثِــقِــل

تِيْــك الرّمْســه فِصِيحه	مــيــزْانــه مــا رقــل

يــا دَمْعــي يــا نِضِيحه	عــا شَــيٍّ مــا حِصَــل

قمْت أغْتِلــي في اللّيحه	بِــشْــراع بْــلا دقــل

درْب الزَّلق

يــا الله يــا خَــلّاق الاَرْواح
اتْــرِدّ مــن غيّــه غــدا بــه

درْب الزَّلَــقْ والْغَــيّ فَضّــاح
ينْــدم لقيتــه مــن مشَــى به

لوْ صيــت له في الكون وَضّاح
ايْـضِـيـع عـنـد الله جنـابـه

وْدَرْب الهُــدَى للعِــزّ مفتــاح
والخيــر لــك مفْتــوح بابــه

إقْــرا كتـــاب الله ترْتـــاح
لــوْ بك ســهَى الْهــمّ وْعذابه

شـــرْوَى الرّحَى دنْيـــاك تِلتاح
تسْــقيك مــن طيـــب وْكآبــه

فيهـــا النّدم فيهـــا القِوي طاح
كـــم صايـــعٍ صـــوّع رْكابــه

شَلّه هوَى الشّـــيْطان وِانْساح
فـــي خايعٍ خـــاوى ســـرَى به

إبْليـــس لـــه والْغَـــيّ تِلْــواح
يـــدْعــاه وِيـــعَــزْف الـرّبـابـه

ســـاعه وقالـــوا قَفّـــل وْرَاح
بيْـــده عَمـــى حضْـــرة جنابه

مـــا ينْفعه لـــوْ صفّـــق وْصاح
مـــا تعْتـــرف بـــه ريْـــت لابه

شِـــرْب النّدم كاســـات وَاقْراح
عـقْب الـمَـراجِـل والـذّرابـه

هذا جِـــزَا اللّـــي ضَيّـــع وْباح
قاصِيْـــه لابْليســـه وْضبابـــه

ضبّه هوَى الشّـــيْطان بافْراح
شوق وْشِـــمَق وَآخِر هوَى به

فيـــه القِدَر وامْســـى بلا جْناح
حظّــه جدَى الخيبـــه ضوى به

ســبْع وْسَــرى به ريْت سَرّاح
عينـــه تحَــتْ مكْســور نابـــه

مـــا تِنْمِنِـــع الاقْــدار بِسْــلاح
يابت الاسَــدْ مــن لَــجّ غابه

مـــا به غبا بـــه نشْــوة الرّاح
شــيْطان شــطّب لـــه صوابه

مــا فــاد حَــدّ وْلا نِفَــع صاح
غيــر الــذي مــا ينْصَخى به

ســمْح النّبا والصّيــت له لاح
فــي الكون لــه بــاع وْمهابه

باسْــمه حمــام الرّاعبــي ناح
يــوم الخِلــي نومــه غفَى به

عِدّ الظّوامــي هوْب ضِحْضاح
ثوْبــه علــى جــاره ضفَى به

تَوْبة

تبْــت وْتَرَكْــت الْغَــيّ كلّه
شــفْته غديرٍ للعَــرَبْ لال

رَاعيــه ريْتــه فــي مذلّه
نفْســه بَليّــا قيــد وِعْقال

شــلّيت لــه غــوْري وْدَلّه
يوم الصّبــا وابْليس خَيّال

أسْــعل وْصَدْري فيــه عِلّه
قلبي شِــجِى والعين تخْتال

والله يسَــجّــل كلّ زَلّه
عَـ الْعَبْــد.. ويْمِدّه بالاعْمال

يــا الله يــا ربّ السّــجِلّه
تْــرِدّ من قلبه ســهَى وْمال

مــا ينْفعــه الِانْســان خِلّه
يــوم اخْتلى في يــالْ هَيّال

تلقَى التّعازي فــي المجلّه
قالــوا عســاه مْخَلّف عْيال

خــلّاه مالــه فــي محلّــه
شَــلّ خْلِقِهْ «وَارين» بِرْيال

يرْتَــدّ لــي قولــي فِطَنْ له

ما ينفعــه عنْــد الله المال

غيــر الصّــلاه وْشَــيّ لله

والصّــوم يا اللّــي لله يْقال

يــوم اللّقا وْلا شَــيْ مِظله

في موْقِفٍ فيــه المَلا ذْهال

تلقَــى الخليل يْعــاف خِلّه

يشْرق وْيَغْرق في عَرَقْ سال

مبْخوت لــي موْلاه شــلّه

عـ ايْد الْمَلَكْ يوم الحَشِر طال

عَصْر التَّرَفْ

عصْر التَّرَف وَاطْرافه ... يبغي ناقه سِمين
لي ما فيها صَلافه ... كلّه تْسِير بْلِين
يا هي والله حسافه ... ضعْفَت رْكاب الدّين
عقب السَّعَفْ وِالْغافه ... للعادي طابِقين
في «الكنْدوره» نِظَافه ... والجوف داخل شين
ما شيْ حَقّ وْنِصافه ... فِ قْلوب الْمِسْلمين

كـلٍّ حِـمَـل عَــ اكْـتـافـه وِزْر وْعَــذاب وْدَيْــن

لاهــيـن فــي الْـغَـرافـه دارْ ابْـلـيـس الـلّـعـين

دِنْــيـا الـلَّـهُـو تَـلّافـه خـلَّـتْـنـا مـشْـتِـقـيـن

عـنْـد الـعـاصـي مسافه عـمّـر دَهَــرْ وِسْـنـيـن

وآخـــر تْـــراب لْـحَـافـه عقب الـتّـرَف فــي طين

طـارت الــرّوح.. وْعافه لِــمْـحِـبّ وِالـغـالـيـن

صـفّـوْا عليه اصْـلافـه　　واسْمه امْتحى في الحين

صـاحَـوْا عليه أشْـرافـه　　عـقْـب الـدَّفِـن يومين

ولـي خـذْهـم باللّطافه　　قـفَّـوْا عَـنِـه سـالـين

كـلٍّ نـهـيْ لَأهـدافـه　　وِيْـغـالـي فـي الـثّـمـين

خَـلّا الـغِضي وَارْدافـه　　وامْـوالـه والـبَـنِـين

بـانَـتْ الـبين اسْـيافـه　　فـارَق هَـلـه والـزّيـن

شَيْبه!

نِسْي الحِصير وْخوصه   وَامْر الفَقِر وِقْروصه

يــوم الفَنَــر فانُوصــه   وِيْبــات فــي الدّخــان

***

غــرّه الزّمــان وْغَيّــه   شــيْبه وْخِطب له بْنيّه

وْقــال الصّحــه قويّــه   واتْــحَــدّى البَـهْلـوان

***

شـــاف التَّـــرَفْ بِعْيونـه عقب الفَقِــر وِغْصونـه

نفْســـه غـــدت ميْنُونـه يبْغـــي يْغَدي سِـــلْطان

***

ليْتـــه تِذَكَّـــر يومـــه قبْـــل الحِســـاب وْلومه

عافـــوا مقامـــه قومـــه خالـــي مِـــن الْخِـــلّان

***

واقِـــفْ كْتابه فـــي ايْده حرّاتـــه فـــي وِريـــده

ما مـــن صديـــق يْفيده فـــي هـــذاك المـــكان

***

غيـــر الله يـــن بَغَـــى لـه　　　وْصافي مَلَــفّ أعْماله

ما طـــوّل فـــي الْيَهاله　　　ولله يْبـــات سْـــهَران

***

يـــا الله يـــا موْلايـــه　　　يا اللّـــي منْـــك الْهِدايه

عنّيـــت لـــك شَـــكْوايه　　　وَادْعـــوك يـــا رَحْمـــن

***

اتْـــرِدّ قلـــبٍ ضايـــع　　　قبْـــل اتْضِيـــع الوِدَايع

فـــي لمّـــات القِطايـــع　　　لـــي للطَّـــرَب خِـــلّان

***

مــا حاتوها الخِسَــاره   في شَــفّ بُـو صَفّاره

يمْسُــون صفْق وْطاره   قــاد الرَّكِــبْ شـيْطان

***

لا ديــن وْلا شَــهاده   غيــر الْغَــيّ وْ وِداده

وابْليــس حطّ شْــداده   منْهُــم نِــزَع الإِيْمــان

***

ناســين فرْض وْسِــنّه   داسَــوْا نعيــم الجَنّــه

كلٍّ غــدا لاهِنّــه   محْصولــه والزّمــان

***

يـــا هِـــي والله عجايب قامـــت تِيْنـــا مصايـــب

صْغيرنـــا والشّـــايب مِتْشَـــرْبك وِتْعَبـــان

***

همّـــه يْعَمّـــر صيتـــه غايـــر سـمْطا مْطِيتـــه

كسْـــلان يضْـــوي بيته مـــا يـــدْري بالْجِيـــران

***

يـــرَّه الْغَـــيّ وْفـــرّه عايـــف ريْتـــه مقـــرّه

رابَـــعْ ابْليـــس وْزَرّه يصْبـــح بـــلا برْهـــان

***

عينـــه اتْطّالــع غيــره   مــا رَوَّى مــن غديره

حرّاتــه فــي ضميــره   حاســد حِسَــا الحِرْمان

***

شْرِيْعة هِيْلي

شرْبة (شْرِيعة هِيْلي) عَــ الْخاطر من زمان
يا اهْــل الوفا يا ويلي مــن مالِــيِ الأمْتان
ليــت النّاشــر خَليلي لي شــفْته في المكان
بانْهي عابر ســبيلي عنده بــارِدّ الشّـــان
ســلْكه جداهــم رِيْلي بـانْـصـاهـم بِـالْـبـيـان
لي يطْربــون الجيلي القَلْــب لْهُــم وَلْهان

سـايِر عنْهم عِطيلي الـقَـلْـب وِالْـبِـرْهـان

مـا قيّلـوه مْجِيلـي خـلّانـي والْـيِـرَان

مِنْبَـتّ بايـد حيلـي حلّيـت فـي طوفان

يا ويلـي وِشْ مِجِيْلي في الـلّال والْحِرْمان

والزّين لي يطري لي في (العين) له عنوان

خَذْ بالي وَاسْـتِخيلي صوبْه شَذى الرّيْحان

داره سِـقاها السّيلي مـن بـارقٍ زَفّـان

لـي له طاير شِـليلي شـلّيت لـه بَالْحـان

شَمْس عْصَيْر

يا سَنا شَـمْس الْعِصَيْر   يـا ضِيـا بـدْر اللّيالـي
لـك لعيـت وْبَاسْـتجير   فيك يا من صـرْت غالي
مـا خِفـقْ قلبـي لغيـر   غيرك انْتـه يـا الْمثالي
فـي ضميـري والنّظير   حبّـك الصّافـي مطالـي
صرْت فـي حبّك أسـير   ماخـذٍ عقْلـي وْبالـي
ما غضى طرفْي.. سِـهِيْر   مـا درَى بالْحال سـالي
بحْـت لـك حـبٍّ غِتيـر   ليـت لـوْ تعلم بْحالـي

مِتْغَلِّي

وِشْ بلاك؟ اشْ ياك؟ وِشْ صابك؟
شِـ الذي لــك صــارْ يــا خِلّي؟

قمْــت عنّــي تَرْضِــف حْجَابــك
مــن غــلاك.. وْصِــرت مِتْغلّــي

مــن زمــان وْيــاك وَاحْظَــى بك
مــن صِغِــر سِــنّك وْتِفْطَــن لي

رُوحــي وْقَلبــي علــى بابــك
لا ولا لــي غــيرك مْسَــلّي

فـــي ضميـــري مَرْتَـــع رْكَابــك
عـنْـك خِـلّــي هــوب مِـتْـغَـلِّـي

شـــوق قـلـبـي بَـيَّـــةْ اطْـيَـابـك
يــا الْـغـلا يــا الْـــوَرْد لِـمْـطِـلِّـي

الـعَـنــا لـــى بـــي مـــن اسْـبَـابــك
فــي هَـــواك ألْـقـانـي امْــوَلِّــي

رُوف بـــي سِجْني مــن أعْـذابــك
هـــوب تـــــازَمْ عَـنِّــي اتْـعِـلِّـي

لا تْـــعَـــذِّب قــلــب غــنّــى بـك
فــي الـــهِــوَى والْــقــاه مِـعْـتَـلِّـي

يــا القمر لـي بـك زَهَــى تْـرَابـك
تَـــل عُـــوْدِك رِدْف مِـتْـعـلِّـي

حِلْو الْوِشَاح

قلبـــي تولّـــع بـــك وْصاح
يـــوم الْخِلـــي بايِـــتْ ذِهِيْل

يـــا الزّين يا حِلْو الْوِشـــاح
سِـــقْني من الـــوَرْد الْجِميل

لـــك ضَامِـــري وِالْقلب باح
بَاشْـــواق في جوفي خِمِيل

لا تْشِـــطّ بي شَـــطّ الرّياح
والجوف من شوفك عِطِيْل

مــا ذَال جَفْني وِاسْــتراح
بالنّــوم.. من دَمْعٍ يســيل

صحْت بْغَبــا والوَقْت راح
عنّـــي وْبــي قَــلّ الحِجيل

ما طــاب ليلــي والصّباح
همّي على صــدْري ضِويل

عشْــبٍ نِبَتْ في القلب طاح
كثْــر الرّجــا وْرَيٍّ قليــل

راح الحَشــا هــمّ وْجراح
جرْحي من الطَّرْف الكحيل

هايــم وَرَا ضِحْضــاح لاح
ريْــت الصَّبِــر درْبه طويل

عَلى بَالِي

يا مــــن على بالـــي وْلِمْرَاد
ويا مــــن على قلبـــي كتَبْته

وصفِك سِطى روحي ولِفْوَاد
والعَقِل من جاشـــي سَلَبْته

لك في الأمِــــر يا زين مِنْقاد
قلبـــي على بِعْـــدِك غِصَبْته

دمعي غدَى يْغَدِّر عَـ لِوْساد
من وجْد همِّي لي كِسَــــبْته

أسْــــهَر واراقِب نجْــم لِعْباد
كِلْما مضَى وقتي حِسَــبْته

حيلي يِــذا يا الغالـــي وْباد
ما شِيْ بِجي لي من نِسِبْته

يا بُــوْ جِبين وْجيــد مِنقاد
إرْفِــق بْقلــبٍ لــك وَهَبْته

مــازِم بلَيَّــا عَقِــل وِحْياد
أسْــهَى بي الحـــبّ وْلِعِبْته

عِفْت الكَرَى يا زين والزَّاد
وِحْزِيْــت به كاسٍ شِــرِبْته

خِذْني غناتي في الهِوَى بْتاد
منْك الوَصِل سِــيْدي طَلَبْته

عَوَايِد الأوَّلِيِّين

ما ينّسَــى وَطْرٍ مضَــى وْفات
لي به الخلايق مِسْتريحين

كنّــا بْهَنــا كِلْنــا وْرَاحــات
والنّاس عَ السِّــنّه مْقيِمين

البْيُــوت مــا تبْغي حِراســات
نمْســي من الأفكار سالين

عيشــه رِغِيْده وْصَكّ شَــلّات
للجــار واللّافــي مْداريــن

وتِسْـــرح بَدُونـــا بالْكريّـــات

لِـ(البَاطْنه) وِ(العين) عانين

ويْـــن الأناســـه والشّـــراغات

والزّين قَيّظ في البِسَـــاتين

وَاهْـــل الْبَحَر يرْجـــون كِيْتات

للغوص غاصَهْ مِسْـــتعدين

نعْمـــه وْكِلٍّ ســـالي يْبـــات

مـــا كَظّت النّـــاس الملايين

قبــل التّطــوّر والعمــارات

هَــمّ الخلايــق الاَوّل الدّين

تلقَــى الحَضَــر والبَــدُو لَمّات

وَصْل الرّحَم كلْ ساعه وْحين

لكــن هــذا الوقْــت شَــتّات

زاد الرّخــا والنّاس لاهين

يــا اهْــل الحِمِيّه والمــرُوّات

عِيْــدُوا عَوَايِــدْ الاَوَّلِيِّيــن

سِحْر الْعِيُون

السِّــحِر يا زين فِــ عْيونك
والمحبّــه نَطْقَــة لْســانك

إخْتِفَــى فيــه القمــر لونك
والغِوَى خَذْته عن اخْوَانك

لي فــلا عِنْدي يْسَــاوُوْنِك
اعْرِبــي كِلْهُــم.. وْعِرْبانك

في حِشَــايه مْشيّد حْصُونك
لا وْعِنْدي ما رِخَصْ شانك

يا الْحبيب.. وْساكن امْبُونك

في سِـــوَيْدا القلـــب بِنْيانك

الخِيَـــال يْرِدِّنــــي دُوْنِـــك

وَاسْـــتِحي مِن بَيَّة أعْيانك

أطْلب الله البــــاري يْصُونك

يا الغِضِي.. عن عين عِدْوانك

بافْتِخِـــر بك.. لُــوْ يْخَلُّونك

في هَــوَاي تْجِيْــم.. خِلّانك

يا الْحَبِيـــب.. وْبَادِّي دْيونك

وان رِحَمْتوني من احْسانك

حالِفْ الله قِلْــت ما اخُونك
سَــيِّدي لا عاش من خانك

أنْ اعْترَفْت وْقِلْت لي عونك
فيْ انْتظارك ليــن ميْحانك

يــا قمر الاوْقات لـــي لَوْنك
مِـ المَهايــا.. وْفاقَت اَلْوانك

ويا بَخَت من صار مضْنُونك
وافْتِخَــر سِـيْدي بْوِجْدانك

ذا وْتَــمّ لْخاطــر عْيونــك
قول (بِنْ ذيبان) في شـــانك

أدْعَجْ غَنَجْ

مِشْــــتاق.. بي شوق وْغرام
ماْجُــور لـــي مِثْلــي غِرِيْم

ألْعي وَاسَــيّع شَـــ الحمام
في الصّيف لي فوق الجِمِيْم

محْــروم لــذّات الْمَنــام
مــن ليْعتــي حالي سِــجِيم

بي مِـــ الذي لي لـــه مقام
في ضامري وِاسْمه حِشِيم

خِــلٍّ شــرَى بــدْر التّمام
وِانْ خَــزّ كَنّـــه وِلْــد ريم

أدْعَــج غَنَجْ زيــن الْقَوام
مَيّــاس مَنْســوع الْبِرِيْــم

أهْــوَى هَــواه بْــيَ هِيام
لــه جَــرْح في قلبــي قِديم

للعِــزّ مــن قلبــي سَــلام
يغْلــه عسَــى يبْقى ســليم

قِصّتي

حَـــيّ باللّي قـــال سِـــمْعوا قِصّتي
فِـ مْغَزى غزْلي وْسَـــرْدي والْمقال

بي حبيـــبٍ صار ســـاطي مِهْجتي
فـــي مْعَلَقْ لِفْوَاد ســـاطي وِالْخيال

يوم أشـــوفه شِـــفْت عنْده رَاحتي
لَوْ لِقـــاه ألْقـــاه خِلّي مِـــ الْمُحال

تتْبعـــه تبْـــع الطّلايـــب ناقِتـــي
بالْغَبـــا وَاهْـــواه مفْنـــود الْجَمال

حايــرٍ مخْتـــار تـــذْرِف عَبْرتـــي
من شِقا الاشْواق في صدْري مَلال

حيلتـــي بـــالله وَاعْـــزا لابِتـــي
مـــن يِحِلّ اللّغْز.. رِدّوا لي سُـــؤال

قلت لـــه لبّيـــك واسْـــمع زَفْرتي
تشْـــتكي وَالْقـــاك ما تتْـــرك مِجَال

يا (حَمَــدْ) يا اخُوْك ضاعت فكْرتي
في مْعَنى مَنْحاك واللّايب شِـــمال

قمْـــت تِعْزانـــي وْتَبْغـــي ثيْبتـــي
يـــا (حَمَــدْ) والحبّ تعذيبــه نَكال

يـــا عزيز القـــوم قومك ســـادِتي
شـــدّني مَغْـــزاك يـــا وِلْـــد الْحَلال

ألْقَاك عِنْدي

شِــلّ الغِشَــا عن خدّك الزّين
الْنا ابْتِسِــم وِاضْحــك لِدَنْياك

خَلْنــي غَناتــي بَامْــزر العين
من جــال عينك عَلْنــي أفْداك

عذّبْــت قلــبٍ صوبــك ايْلين
باللّيــن لــك ويْــدوّر رْضاك

خَذْنا الزّمــان وْمَرّت سْــنين
مَحْــروم مــن صافــي ثَناياك

غنّيـــت لـــك والنّـــاس غافين
آفِــزّ لــك وَافْــرح برُوْيــاك

باكْليــل ورْدٍ فــي البِســاتين
والجَوْهــر الصّافــي مِزايــاك

منْك أسْتحي.. وَاجْحد عن يْبين
حُــبٍّ زَرَعْتــه بيْــدي وْيــاك

يا مْعذّبي يا اغْلــى المِضَانين

إرْحــم غريـمٍ صــاح لامــاك

فرْقــاك خِلّي صعْــب ومْحين

ما لـــي عزا.. مــا ارُوْم فرْقاك

ألْقــاك عنــدي دوم يــا زيــن

في مــوق عيني ســاكِنْ أَلْقاك

يا سِعْد من زَاره

قصّ وَصْلــه البِعْــد تيّاره
وَآزِمَــتْ مــا تْيِيْني عْلومه

فــي هَواه النّفْــس محْتاره
من لماه الــرُّوح محْرومه

مــن صفاته قلبــي اخْتاره
خِشْف ريم يْرِبّ فِـ حْزومه

بــدِرْ كنّــه تاضــي أنْواره
والثّنايــا برْق فِــ غْيومه

كامــل الأوْصـــاف مِعْياره
والمَعانـــي فيه مرْســومه

مــا رِمَسْ به ســيّدي ياره
للخلايق ما فِضَــى عْلومه

خافقــي ظميــان لانْهــاره
راحت العِشّــاق فِـ وْشومه

شَــنّ حبّه عَـ الحِشا غاره
غرّقَتْني في الهوى سْهومه

جاشْ قلبي مــا طِفَت ناره
والْهَــوى تلْعب بي هْمومه

يــا بَخَتْ يا سِــعْد من زاره
يــوم كلٍّ قــد هنــا بْنومه

يــا إلهي تسْــتِر أسْــراره
عن غِشــيم السَّد وِعْزومه

يعْــل يسْــقيها المطر داره
والحِيــا يبْطــي على قومه

فتَّان

فـــي عيونـــك شـــوق فَتّـــان وْغَرام
يـــا غِريـــرٍ دَار فـــي قلبـــي هَـــواك

يـــا ضِيـــا القِنْديـــل يـــا بَـــدْر التّمام
تَـــمّ قلبـــي يْطيـــر يـــا الْغالـــي جِدَاك

والـــذي يـــا زيـــن مِثْلـــي مـــا يْـلَام
لي سِـــبَاهْ الشّـــوق وِاشْـــتاق لْغَواك

بِـــتّ بـــي آهـــات وَاشْـــواق وْهِيـــام
يـــوم شِـــفْت الزّين في صـــورة مَلاك

بي شِــقا المِشْــتاق.. عينـــي ما تنام
عَبْرتـــي في الجوف وَاشْــواقي لَماك

يــا قمر يــا نـــور عيني فـــي الظّلام
راحتـــي والـــرّوح يــا الْغالـــي فِدَاك

لـــك مقـــام تْـــرَاك عِنْـــدي وِاحْترام
مـــن غَـــلاك أهْـــواك وَاتْمَنّـــى لِقاك

فيـــك نبْـــع الحـــبّ يـــا سِـــيد الأرام
والجمـــال الزّيـــن ياضِي من سِـــمَاك

زور مـــن يِهْـــواك خِلّـــي بِالسّـــلام
وِارْحـــم اللّـــي قـــال من قلبـــي معاك

تِدَلَّلْ

تِدَلَّـــلْ يـــا قُمَـــر لَيْلـــي تِدَلَّـــل
وانـــا لك في الأمِر سَـــمْعًا وِطَاعه

وِدَادك مـــن غَدِيـــر القلـــب يِنْهَل
سِـــباني حبّكـــم والدَّمْـــع ذاعـــه

عَســـاك تْزُورني ســـاعه وْتِسْأل
عـــنْ امَّا بـــي.. وقلبـــي والْتِياعه

أنا بي نار وِسْـــط اليوف تِشْـــعِل
وارَدِّد وَنِّتـــي فـــي كِلّ ســـاعه

مِـــنْ الحِرْمان حالي صـــار يِنْحَل

سـهِير اللَّيْل واسْـــهَرْت الجِمَاعه

حبيبـــي لا تعذّبْنـــي وتِبْخَـــل

على من في الْهَـــوَى لك مَدّ باعه

عليـــك العيـــن بالعَبْـــرات تَهْمِـــل

غَـــرَام القلـــب صوبـــك وانْدِفاعه

سِبانـي من سِـــمَاك الطَّرْف الاكْحَل

وْمَيْدُولـــك وْعُـــوْدِك وِارْتِفاعـــه

عطاك الله وَصْف الشَّـمس وَاجْمَل

تنِيْـر الكـون كِلّـه واتِّسـاعه

سِـطَى قلبي غلاك.. وْقـام ينْخِل

خلايا اليوف.. واطلبك الشـفاعه

جمـالٍ فيك يـا المضنـون يذهل

سِـجَد له الطّير واعْضَايه رْبَاعه

حَبِيب الرُّوح مِنْك الـرُّوح تِخْجَل

يَلـى من بان لـي خَدِّك شِـعَاعه

الفهرس